AF268383

AUX OUVRIERS

QUATRE-VINGT-DIX ANS

DE

RÉVOLUTION

Où en sommes-nous ?

SEPTEMBRE 1881

F. AUREAU

IMPRIMERIE DE LAGNY

AUX OUVRIERS

QUATRE-VINGT-DIX ANS

DE

RÉVOLUTION

Où en sommes-nous?

Septembre 1881

AUX OUVRIERS

Au dernier siècle, lorsque la justice du peuple eut commencé son œuvre, la France prit le titre de République, conquit ses libertés, et les maintint devant l'orgueil humilié, vaincu, des despotes étrangers.

Ouvriers ! le souvenir de cette période vous électrise, et pour vous, il y a peu de temps encore, le mot République rayonnait, il signifiait : Justice, Emancipation, Gloire, Prospérité, Liberté. Dans votre enthousiasme habilement exploité, vous vous imaginiez qu'obtenir le mot, c'était également obtenir tout ce que ce nom vous semblait contenir de promesses heureuses; vous assurer un bien-être immédiat.

Présentement, dédaignant le bulletin de vote impuissant dans vos mains, vous vous demandez, comment faire triompher vos droits, et comment punir ceux qui les méconnaissent ?

D'abord, méritent-ils un châtiment, la plupart de ces hommes que vous avez choisis pour mandataires ? Placés dans un milieu différent du vôtre, ils mesurent les réformes à leurs besoins. Appartenant à la classe aisée, ils ne connaissent ni vos souffrances morales, ni celles occasionnées par le surcroît de travail et par la faim. Puis, quoi qu'ils aient fait, lorsqu'ils se représentent à vos suffrages, ils sont à nouveau réélus, et par là, fondés à croire que la majorité approuve leur conduite.

Depuis que vous êtes en possession du suffrage universel, confiants en des dévouements inconnus, ou en des convertis

de profession, vous leur avez périodiquement, sans garanties,
et sans définition de mandat, confié vos plus chers intérêts.
Puis, après avoir constaté que vous avez été trompés, que rien
ne s'améliore, que vous n'avez fait le plus souvent qu'augmenter le nombre des avides que vous nourrissez ; vous recommen-
cez encore. Si vous étudiez, vous vous placez à un point de
vue exclusif, et non en face de l'intérêt général. Vous négli-
gez d'organiser et de réunir vos forces. Vos misères présentes,
comme les misères passées, n'ont pas d'autres causes.

Voulez-vous jeter un coup d'œil en arrière, et examiner le
passé révolutionnaire depuis 1789 ? Oui ? Alors commençons.
Laissons de côté les détails incidents, allons droit au but. Résumons les différentes phases, et dégageons-les des solennités
du style historique.

RÉVOLUTION DE 1789 (LES ÉTATS-GÉNÉRAUX)

Les Etats-Généraux étaient convoqués par le roi, quand il
avait besoin du concours de la nation. Ils avaient à ré-
pondre à quelques questions déterminées, puis on les congé-
diait, leurs pouvoirs prenaient fin immédiatement. Ils étaient
composés de députés de trois ordres : noblesse, clergé, tiers-
état, ou bourgeoisie. Le nombre des députés représentant le
Tiers-État , était ordinairement supérieur à celui des deux
autres ordres. Avantage souvent illusoire, le vote étant presque toujours recensé par ordre, et non par député.

Les élections se faisaient à deux degrés. Tout contribuable
participait à la nomination des électeurs du second degré, et
pouvait être élu.

En 1789, le désordre toujours croissant des finances, avait
depuis longtemps épuisé les ressources de l'Etat, les populations pressurées ne pouvaient plus fournir aux dépenses des
dilapidateurs. Ne sachant comment combler les déficits et
continuer à satisfaire les convoitises de ses dignitaires, le roi
Louis XVI réunit les Etats-Généraux, dans le but, était-il dit,
de connaître et de prendre en considération les vœux de la
nation ; mais en réalité, pour obtenir, ou exiger, le vote de

nouveaux impôts, auxquels suivant l'usage le haut clergé et la noblesse auraient su se soustraire.

Le Tiers-État, voulant affirmer sa force et se délivrer des extorsions séculaires qu'il subissait, proposa de commencer les travaux, par l'étude et le vote d'une constitution libérale, garantissant l'avenir contre les caprices royaux, et les excès de pouvoir. Il réussit à rallier à cette proposition une partie des deux autres ordres, et à peine réunis en séance commune, les États-Généraux se donnèrent le titre d'Assemblée constituante. Le travail était préparé, car les députés de chaque province possédaient un programme de réformes, dressé par leurs électeurs.

Ce programme, réclamait en substance :

Souveraineté émanant du peuple, exercée par l'accord de la représentation nationale, et d'un roi héréditaire. — Rédaction immédiate, et mise en vigueur d'une Constitution. — Droit exclusif pour les États-Généraux de faire les lois sous la sanction royale. — Droit de contrôler l'emploi des finances et de voter l'impôt. — Abolition des privilèges personnels et financiers de la noblesse et du clergé. — Suppression des restes du servage. — Responsabilité des agents royaux. — Admissibilité de tous aux emplois publics. — Liberté individuelle. — Suppression des douanes intérieures. — Remplacement des divers impôts par un impôt foncier et mobilier. — Liberté de la presse. — Liberté des cultes. — Entretien et éducation par l'État des enfants abandonnés. — Unité de législation. — Suppression des juridictions exceptionnelles. — Publicité des débats. — Réforme de la procédure. — Atténuation des peines. — Création d'assemblées provinciales contrôlant les délégués royaux. — Unité de poids et mesures. — Division du territoire par sections équivalentes, d'après la population et le revenu.

Ce sont là les principes de 89. Les principes antérieurs étaient résumés dans cette réponse de Louis XVI : « C'est légal parce que je le veux. »

A cette époque encore, l'autorité seigneuriale à peu près sans limites pesait sur les populations des campagnes, se traduisait en actes journaliers de brigandage révoltant. Les dernières ressources des paysans, volés battus et emprisonnés sans recours possible, entretenaient les puissants du jour et leur suite. Les propositions de réformes, produisirent chez ces gens l'explosion des plus furieuses colères.

L'entourage royal poussa le roi à la résistance. Il réunit entre Paris et Versailles où siégeaient les Etats, des régiments suisses et allemands, destinés à courber sous sa volonté, peuple et constituants. La population de Paris violemment irritée, n'attendit pas les violences projetées, et sous la direction d'électeurs influents, qui de leur propre autorité s'étaient constitués en conseil communal, elle s'organisa militairement, fabriqua cinquante mille piques en trente-six heures, enleva à l'hôtel des Invalides trente mille fusils, des sabres, des canons, et se prépara à résister.

Le 14 juillet, quelques centaines d'hommes surexcités répondirent aux provocations de la cour, en attaquant la Bastille et en s'en rendant maîtres en quelques heures. Presque immédiatement, les milices parisiennes se mirent à la disposition de l'Assemblée, choisirent pour insigne une cocarde tricolore et prirent le nom de garde nationale. Cet exemple fut suivi par toute la France. Désormais, l'Assemblée constituante avait à sa disposition une force armée, capable de faire respecter ses décisions. Le roi allait avoir à compter avec la nation. La révolution était commencée.

La révolution dite de 89, fut soutenue par le peuple, espérant bénéficier des améliorations exigées par la bourgeoisie royaliste. Celle-ci irritée de ne pouvoir prendre part aux privilèges nobiliaires, convoitait la succession d'une noblesse exécrée pour sa morgue et ses exactions, épuisée par ses vices. L'importance imprévue du triomphe populaire l'effraya, elle ne voulait pas la destruction de la monarchie, elle ne voulait que le pouvoir de la diriger selon ses vues. Les espérances du peuple lui parurent plus redoutables que le despotisme subi jusqu'alors. Le désordre vint augmenter ses craintes. Dans les provinces, les paysans réunis en troupe brûlaient les châteaux, les couvents, détruisaient les titres, les anciennes chartes, et avec les ouvriers des villes réclamaient tumultueusement l'égalité.

A la suite d'un banquet donné par les gardes du corps aux

officiers des régiments royaux, la cocarde tricolore fut foulée aux pieds en présence du roi et de sa famille, et les nobles convives jurèrent de changer bientôt en défaite la victoire populaire. Instruite de cette provocation, une partie de la population parisienne se porta sur Versailles, envahit le château, força le roi à saluer la cocarde nationale; lui imposa Paris pour résidence et l'y emmena immédiatement. L'Assemblée suivit le roi et poursuivit le cours de ses travaux. On lui devait déjà :

Une déclaration des droits de l'homme devant servir de base à la Constitution. — La division du territoire en 83 départements, subdivisés en districts, cantons, municipalités. — Elle institua les tribunaux criminels fonctionnant avec le concours d'un jury. — La cour de cassation. — Les justices de paix. — Le mariage civil. — Proclama l'égalité de tous devant la loi. — Inscrivit dans la Constitution la promesse de rédaction d'un code unique. — Elle établit la liberté des cultes, de l'industrie, du commerce. — L'unité des poids et mesures. — Elle abolit le droit d'aînesse et les titres héréditaires; les nobles devinrent de simples citoyens. — L'émission à cours forcé, d'un papier-monnaie hypothéqué sur les biens nationaux, fut décidée. — Les impôts mobilier, foncier, des patentes furent établis. — Considérant les biens du clergé comme un dépôt administré par lui, elle les convertit en biens nationaux, et chargea l'Etat de pourvoir aux frais du culte, à l'entretien de ses ministres, et au soulagement des pauvres; affectant à ces dépenses un budget de 77 millions. — Une constitution civile du clergé limitait le nombre des couvents à un du même ordre, dans les communes qui en possédaient plusieurs, et pensionnait les religieux dispersés, elle retirait la sanction légale aux vœux perpétuels. Cinquante-deux évêchés et archevêchés sur cent trente-cinq furent supprimés. Elle réservait la nomination des Évêques et des curés, aux électeurs nommant les députés et les administrateurs de départements; et assignant aux membres du clergé, le rôle de fonctionnaires publics élus et salariés, elle exigeait d'eux le serment de fidélité aux lois. — Un vote attribuant au roi une rente de 25 millions, lui enleva en même temps l'administration de la fortune publique.

En 1791 la Constitution fut achevée :

Elle donnait le pouvoir à une Assemblée législative renouvelable tous les deux ans. — Environ deux millions d'électeurs étaient admis à prendre part à son élection. — Le roi ne pouvait la dissoudre, mais il conservait le pouvoir exécutif, et sauf pour les questions de finance, avait le droit de suspendre pendant quatre ans l'exécution des décisions de l'Assemblée. Il perdait le droit de décider de la paix ou de la guerre sans son autorisation.

Le corps électoral était divisé en électeurs de premier et deuxième degré. — Les premiers, devaient avoir 25 ans, être inscrits sur les rôles de la garde nationale, être domiciliés depuis un an dans le même canton; et payer une contribution équivalente à trois journées de travail, ils se réunissaient au canton, et nommaient les électeurs du deuxième degré, devant procéder directement à la nomination des députés. Ces électeurs ne pouvaient être choisis que parmi les propriétaires, locataires, ou usufruitiers, d'un bien, payant une contribution représentant le prix de 150 journées de travail. Les membres de l'Assemblée ne pouvaient être choisis que parmi les électeurs du premier et du deuxième degré.

Pendant que ce travail s'accomplissait, excités par la noblesse émigrée, les rois voisins rassemblaient, sur nos frontières, des troupes destinées à bloquer et à envahir la France pour y détruire les libertés dont ils s'effrayaient.

Louis XVI entretint secrètement des correspondances avec eux, et favorisa leurs dispositions; puis, le 20 juin 1791, il partit furtivement pour aller presser leur attaque. Arrêté, ramené à Paris, suspendu de ses pouvoirs, il fut consigné aux Tuileries, le pouvoir exécutif fut donné aux ministres, et l'armement de trois cent mille gardes nationaux devant faire face à l'ennemi, fut décrété. Dans toute la France les fédérations communales se rattachèrent les unes aux autres, et envoyèrent à Paris d'imposantes délégations. Partout se formèrent des sociétés ayant pour but la discussion des idées nouvelles, la direction de l'opinion, et l'organisation de la résistance à l'ennemi.

Le 14 septembre 1791, en présence de la population de Paris et de cent mille délégués des départements, réunis au Champ-de-Mars, eut lieu la proclamation de la Constitution. Louis XVI en ayant accepté les clauses, et ayant juré de les respecter fut mis en liberté; malheureusement pour lui et pour tous, l'Assemblée commit la faute de lui rendre ses fonctions. On l'a dit : « Aux situations nouvelles il faut des hommes nouveaux. » Il parut se rendre aux Tuileries. Il s'acheminait vers la place de la Révolution.

Le 30 septembre, l'Assemblée contituante, après avoir décrété une amnistie générale, se sépara. Elle siégeait depuis quinze mois. L'Assemblée législative la remplaçant, entra en fonction le lendemain, 1ᵉʳ octobre 1791.

ASSEMBLÉE LÉGISLATIVE

Les travaux de cette Assemblée furent continuellement entravés par le roi, lequel, malgré son serment de fidélité à la Constitution, ne pouvait se décider à accepter franchement sa nouvelle situation. Refusant de se soumettre aux nouvelles lois, le comte d'Artois, son frère, avait émigré entraînant à sa suite une partie de l'ancienne [cour. Cet exemple fut suivi par la plupart des membres de la noblesse ; et bientôt tous ces expatriés volontaires, firent cause commune avec l'étranger et l'excitèrent contre la France. L'Assemblée leur assigna un délai de rentrée. A son expiration, elle déclara conspirateurs ceux qui n'en avaient pas tenu compte, et confisqua les revenus de leurs biens. Elle supprima le traitement, et interdit l'exercice du culte, à ceux des prêtres catholiques qui sur l'ordre du pape et encouragés secrètement par le roi, refusaient le serment constitutionnel et prêchaient la révolte ; puis plus tard, les frappa par un décret de déportation, resté d'abord sans effet car le roi se refusa à le sanctionner. Les souverains étrangers, continuant activement leurs préparatifs d'envahissement, furent invités à éloigner les troupes menaçant nos frontières. De concert avec Louis XVI, ils répondirent qu'ils étaient résolus à défendre et à faire triompher les principes monarchiques qu'ils représentaient. Connaissant les sinistres projets cachés sous cette formule, et tout délai pouvant être fatal, l'Assemblée fit déclarer la guerre à l'empereur d'Autriche chef de la coalition. Ainsi fut ouverte cette série de luttes, qui coûtèrent tant d'efforts à la France (20 avril 1792).

On prit l'offensive dans les Pays-Bas, récemment révoltés contre l'Autriche. Les débuts de la guerre furent malheureux, la défiance régnait entre le peuple et les officiers nobles. Deux corps d'armée s'enfuirent, se croyant trahis par leurs chefs. Alors l'Assemblée décida la formation d'un camp sous la capitale, déclara la patrie en danger; et les fédérés des départements accoururent à son appel.

Le 26 juillet 1792, un duc de Brunswick, général prussien, publia un manifeste annonçant, qu'il ferait saccager les villes qui se défendraient, que les habitants pris les armes à la main seraient fusillés, et qu'il livrerait Paris à une exécution militaire, si les prérogatives royales étaient atteintes.

La colère populaire répondit à ce défi. Le peuple réclama la déchéance du roi, accusé d'intelligences avec l'ennemi, envahit les Tuileries, malgré le massacre que firent de lui les régiments suisses qui les défendaient mais succombèrent sous le nombre, et poursuivit le roi jusque dans l'Assemblée, qui lui donna pendant deux jours, un asile, d'où il ne sortit que pour aller habiter au Temple, consigné et gardé à vue. (10 août 1792).

L'ennemi se rendit maître de Longwy et de Verdun, ses progrès excitèrent au plus haut point l'irritation du peuple contre les prêtres catholiques, les nobles et leurs amis, accusés de connivence avec l'étranger. Le cours des lois fut suspendu, tout le pays mis en état de siège, les domaines de la couronne et les propriétés des émigrés furent confisqués et déclarés biens nationaux.

Surexcités par le récit de propos sanguinaires, et de menaces de vengeance, attribués aux détenus politiques, se réjouissant des succès de l'ennemi, et voyant déjà la tyrannie nobiliaire rétablie, des troupes d'ouvriers envahirent les prisons à Paris et dans plusieurs villes; et, du 2 au 6 septembre, massacrèrent les suspects, après un simulacre de jugement durant à peine quelques minutes.

Cet acte porta le premier coup à la Révolution, la réprobation des hommes honnêtes ouvrit, dès lors, à son flanc, la blessure de laquelle elle devait mourir.

Les oppresseurs sont des êtres sans conscience, dont il faut arrêter les violences. Lorsqu'ils sont puissants, leur force ne laisse pas le choix des moyens; et le salut de tous les justifie. Mais lorsqu'ils sont placés dans l'impossibilité de nuire; leur vie doit être respectée.

Les représailles sont un crime au même titre que les actes qu'elles prétendent punir ; les décisions et les vengeances spontanées des foules sont surtout révoltantes, car elles sont sans discernement et toujours atroces. Par le dégoût et la terreur qu'elles inspirent, les malheureux abrutis qui les accomplissent sont inconsciemment les meilleurs agents des réacteurs politiques, ils croient tuer l'oppression, ils tuent la liberté.

Les meurtres de notre première révolution l'ont stérilisée, l'aversion pour les violences produisit l'aversion pour les idées qu'elles voulaient servir, et bien que près d'un siècle se soit écoulé depuis, nous en subissons encore les conséquences.

L'amélioration générale ne peut résulter que de l'élévation générale de l'intelligence seule à même de la produire, et de l'esprit de modération seul à même de la conserver.

Le 21 septembre 1792, l'Assemblée législative laissant debout la royauté, mais lui ayant enlevé le pouvoir exécutif, accusée de faiblesse par les comités populaires et obéissant à leurs injonctions, se sépara après avoir convoqué une Assemblée réunissant en elle tous les pouvoirs, sous le nom de : Convention nationale.

CONVENTION NATIONALE

De nombreux volontaires accoururent de toute part à la défense des frontières. Sous les ordres de Dumouriez ils firent face à l'armée prussienne qu'ils forcèrent à la retraite après l'avoir vaincue à Valmy, délivrèrent Lille attaquée par les Autrichiens et défendue vigoureusement par les habitants.

Les Autrichiens battus et poursuivis furent vaincus à Jemmapes, les Pays-Bas furent envahis et on entra à Bruxelles. Pendant ce temps, le général Custine suivait les bords du Rhin, son armée enlevait à l'ennemi Spire, Worms, et Mayence ; celles du général Montesquieu et du général Anselme s'étaient emparées de la Savoie et du comté de Nice. A partir de ce moment, les envahisseurs comprirent qu'il fallait compter avec le peuple français, ils reculèrent devant lui.

Le lendemain de la victoire de Valmy, le 1ᵉʳ octobre 1792, la Convention se réunit. Son premier acte, fut le décret de déchéance du roi, et la proclamation de la République, malgré les efforts des modérés et de la bourgeoisie consternés, dont l'antagonisme se déclara ouvertement, lorsque Louis XVI, accusé d'avoir attiré sur la France les armées ennemies momentanément repoussées, fut jugé par la Convention, reconnu coupable à l'unanimité, condamné à mort, et exécuté le 21 janvier 1793.

A la suite de cet acte, la France se trouva de nouveau devant l'Europe en armes, se disposant à l'envahir. Tous les souverains, sauf ceux de Suède et de Danemarck, réunirent leurs forces pour l'attaquer. La Convention et le pays, s'élevèrent à la hauteur des événements. En quelques mois, quatorze armées, comprenant douze cent mille hommes, firent face à cette coalition de rois prétendant venger la mort de Louis XVI, mais voulant surtout, piller et conquérir. Les spoliateurs de peuples, cherchent un prétexte avouable, pour couvrir les massacres internationaux qui doivent les enrichir, et nourrir leur vices.

Bientôt la France put voir sortant des rangs de ses défenseurs, de jeunes inconnus fils du peuple, dont les victoires devaient immortaliser les noms et l'auraient faite grande, respectée et libre, si l'imprévoyance populaire n'était toujours là, pour laisser suivre d'immenses défaites, les plus glorieux triomphes, et pour stériliser les plus sublimes dévouements.

Afin d'imprimer une impulsion rapide à la défense, et de réprimer à l'intérieur toute tentative favorable aux coalisés ; la Convention forma un comité de salut public composé de douze députés, renouvelables par quart tous les mois, rééligibles, disposant de toute autorité même sur ses membres dont l'inamovibilité fut suspendue devant ses décisions. Elle créa en outre un comité de sûreté générale, pour rechercher et faire arrêter les suspects, qu'un tribunal revolutionnaire fut appelé, non à juger, mais à condamner, ainsi que font du reste, dans tous les temps, les tribunaux exceptionnels. Par son organisation communale, ses comités, ses assemblées populaires, le peuple domina ces terribles institutions, et imposa ses volontés à la Convention, dont les pouvoirs, furent alors au service des passions tumultueuses, contradictoires, d'une foule surexcitée, proie des meneurs, foyer de toutes les violences.

Après la mort du roi, les délégués de la bourgeoisie connus sous le nom de Girondins, s'étaient efforcés de restreindre l'action des comités populaires, se traduisant en excès désastreux. On les accusa de travailler au démembrement de la France par l'étranger, et la plupart payèrent de leur vie leurs tentatives.

Les autres firent soulever le Maine, l'Anjou, la Bretagne, Caen, Bordeaux, Lyon, Marseille; leur oubli du patriotisme alla jusqu'à livrer aux Anglais Toulon avec la flotte de la Méditerranée. En même temps, les paysans des Cévennes et ceux de la Vendée arboraient le drapeau blanc. Presque les trois quarts de la France étaient aux mains de la contre-révolution. Devant ces défections les députés républicains ne faiblirent pas, mais hors d'état d'envisager la situation avec calme, impuissant à améliorer, voyant déjà les fruits de la Révolution lui échapper et redoutant les représailles, le peuple des clubs pris de la fièvre du meurtre, [applaudit d'abord ceux qui frappaient les ennemis intérieurs qu'il croyait voir partout, puis se transformant lui-même en juge et en exécuteur, il supplicia, égorgea, devint féroce, se roula dans le crime; tourna ses armes contre lui-même, maudissant, hurlant et réclamant des sauveurs. Des terroristes n'ayant pu prendre les premières places et les cherchant dans la réaction, le saisirent haletant, l'entraînèrent au massacre de ceux qui auraient pu le relever, et lorsqu'il fut épuisé le maîtrisèrent.

C'en était fait, l'énergie populaire livrée à elle-même n'avait su que détruire, et sombrait dans le sang.

Pendant cette phase appelée la Terreur, la guillotine était en permanence sur les places. Une armée révolutionnaire la traînait avec elle, parcourant les départements épouvantés. Plus de trois cent mille arrestations politiques furent opérées. Trente ou quarante têtes tombaient chaque jour sous le couteau. Cette période durait depuis quatorze mois. Les réacteurs la prétendirent terminée en juillet 1794, par la mort de Robespierre et de son entourage. Cet homme intègre, méprisant les richesses, entouré d'amis convaincus, était de taille à féconder la Révolution, et à remettre sur le chemin de la liberté, le peuple dévoyé par des assassins. C'est pourquoi, en haine de ses efforts qui les auraient fait disparaître pour jamais, toutes les aristocraties rapaces qui se sont succédé, ont bassement chargé sa mémoire des crimes de son époque. La Convention dégénérée, composée en majorité de misérables ambitieux auxquels il portait ombrage, l'accusa de chercher la dictature. Pousuivi, blessé grièvement, ramassé sanglant, il fut exécuté (9 thermidor). En 24 heures, sans discussion, sans jugement, vingt députés ses collaborateurs subirent le même sort, d'autres se suicidèrent pour échapper au bourreau; et pendant longtemps, de nombreuses victimes suspectées de libéralisme, dont l'écrasement était nécessaire à la sécurité des maîtres qui venaient de surgir, furent sacrifiées, sur les dénonciations de leurs voisins, de leurs amis, voulant s'abriter derrière leurs cadavres.

Il en est toujours ainsi aux jours de réaction. Vous le savez, dites ?

Le peuple qui avait cru devoir supplicier au nom de ses droits, fut à son tour massacré au nom de la justice, et pour avoir voulu diriger seul, fit sombrer la liberté nationale émanant de tous; en perdit sa part si chèremeut acquise au prix de ses luttes et de son sang il est vrai, mais aussi, au prix des efforts généreux d'esprits élevés, travaillant pour lui depuis plusieurs genérations, et dont les descendants animés du même esprit furent ses premières victimes. Cette part de souveraineté possédée prématurément, n'a pu jusqu'à ce jour être reconquise par lui. Quand sera-t-il digne de la posséder sans conteste ?

Pas plus aujourd'hui qu'alors, il n'est organisé pour réfléchir à ce qu'il veut, et l'obtenir sans violence. Il ne comprend la fraternité qu'appliquée à l'individu, car les études sectaires imposées jusqu'ici par les dirigeants, rétrécissent le cerveau et faussent l'esprit de solidarité, puis, l'énergique volonté de s'instruire lui fait défaut. Il prétend n'avoir pas le temps d'étudier ! Vivant en plein drame dont il fournit tous les jours les victimes, il regarde presque indifférent, sans songer que demain sera son tour. N'a-t-il donc d'intelligence que pour chercher des sensations énervantes ? De temps, que pour lire les récits dépravés ou ineptes de drames imaginaires, inventés on ne sait où ? D'yeux et d'oreilles, que pour les voir mettre en action, et les entendre répéter sur des théâtres, qu'il subventionne avec des gains qui manquent à sa famille ? De facultés, que pour mener cette vie enfiévrée, débilitante, jusqu'à ce que la faim, la mitraille ou le couperet, le ramène à la vie réelle toujours impuissant et toujours révolté ?

Pendant que s'accomplissaient les événements que nous venons de relater, nos armées avaient lutté courageusement contre les ennemis de la République. Dès 1791, on avait dû s'occuper de bandes de paysans, lesquels sous le nom de chouans troublaient et pillaient le Maine, l'Anjou, la Bretagne, sous les ordres impitoyables de leurs anciens seigneurs. En mai 1793, les paysans vendéens refusant de participer à la défense des frontières, tinrent la campagne contre les troupes à leur recherche, puis se laissèrent enrôler pour le rétablissement de la royauté, sous la conduite d'émigrés, expédiés par l'Angleterre qui les armait et subventionnait. Réunis aux chouans, ils propagèrent autour d'eux une insurrection redoutable, tandis que l'étranger coalisé enveloppait la France de nombreux corps d'armée ; tandis que le Dumouriez de Valmy, de Jemmapes, passait aux Autrichiens, après avoir désorganisé les troupes qui lui étaient confiées ; tandis que les officiers nobles désertaient et émigraient. A la fin d'août 1793, la France était envahie par toutes ses frontières, la disette sévissait, tout manquait, les armes et le pain. La cause de la Révolution semblait perdue. Le dégoût des excès populaires avait éteint l'amour de la patrie chez la plupart des chefs militaires dirigeant sa défense.

Le comité de salut public prit la direction générale, les chefs militaires reçurent ses ordres et durent les exécuter. Dès le début, deux d'entre eux, Custine et Houchard, les ayant négligés furent destitués et livrés à la guillotine. Des commissaires civils, pris dans le sein de la Convention, et munis de pleins pouvoir furent adjoints aux corps d'armées pour surveiller les opérations, et activer les efforts des populations et des combattants dont ils partagèrent les périls. Grâce à cette organisation, lorsque la Convention se sépara en octobre 1795, l'insurection vendéenne vaincue par les troupes de Westermann, Marceau, Hoche, Kléber ; réduite à quelques bandes sans cohésion, venait de se soumettre et de traiter par l'entremise de ses derniers chefs Stofflet et Charette. Lyon avait été soumis et Toulon repris, d'immenses convois de blé protégés par notre flotte étaient entrés dans nos ports ; et nos corsaires avaient enlevé à l'ennemi des centaines de bâtiments de commerce. Nos frontières avaient été délivrées des armées anglaises, hollandaises, prussiennes, espagnoles, piémontaises, par les soldats de Jourdan, Pichegru, Hoche, Kléber, Moncey, Dugommier, Dumerbion. La Prusse et l'Espagne venaient de nous demander la paix, que la première obtint en cédant ses provinces de la rive gauche du Rhin, et la seconde ses possessions de Saint-Domingue. Mais la Guadeloupe, la Martinique et la Corse nous avaient été enlevées par les Anglais. Les officiers nobles commandant presque exclusivement nos navires avaient en grande partie déserté, ceux de la flotte de la Méditerranée l'avaient livrée à l'ennemi. Notre marine affaiblie, sans direction suffisante était hors d'état de protéger efficacement notre commerce et nos colonies.

Au milieu de ces luttes violentes la Convention avait décrété :

La création d'Ecoles de médecine, d'Écoles normales, centrales, et primaires. — La création de chaires de langues vivantes. — D'un Conservatoire des arts et métiers. — D'un Conservatoire de musique. — Du bureau des longitudes. — Du Muséum d'histoire naturelle. — De musées artistiques. — Elle avait préparé un code uniforme. — Etabli l'unité des poids et des mesures. — Son dernier décret émettait un vœu dérisoire et peu gênant pour les despotes: l'abolition de la peine de mort après la pacification générale.

A la suite de la mort de Robespierre, après avoir triomphé des émeutes qui l'avaient suivie, et par leurs réagissements terroristes dominé les assemblées populaires, les membres de la Convention jugèrent sa dissolution favorable à leur sécurité, à l'oubli d'un passé troublé qu'ils s'apprêtaient à répudier pour vivre en paix des positions acquises. Ils abolirent la Constitution démocratique de 1793, qui n'avait pas encore été mise à exécution, et modifiant la forme gouvernementale, ils créèrent un comité exécutif composé de cinq membres, renouvelable tous les ans par cinquième et portant le nom de Directoire. Le pouvoir législatif fut attribué à deux Chambres, l'une nommée Conseil des Cinq-Cents choisissant les directeurs et proposant les lois ; l'autre, appelée Conseil des Anciens, les acceptant ; mais craignant les compétitions des meneurs monarchistes, leurs auxiliaires depuis le 9 thermidor, ils décrétèrent que les conventionels, formeraient au moins les deux tiers des nouvelles Assemblées.

Reconstitué à la faveur de la réaction, le parti monarchique avait espéré y dominer, cette décision entravait ses projets. Soutenu par quarante mille gardes nationaux il marcha sur les Tuileries pour renverser la Convention et saisir le pouvoir.

Le député Barras chargé de la défense, fit mitrailler les royalistes qui s'enfuirent, et furent désarmés les jours suivants. Dans cette circonstance, il avait choisi pour lieutenant le général Bonaparte, alors âgé de vingt-sept ans, précédemment général d'artillerie à l'armée d'Italie, compromis par ses intrigues avec tous les partis ; récemment destitué pour refus de service dans la Vendée il habitait Paris. Barras, nommé membre du Directoire, le fit appeler au commandement de l'armée intérieure, le protégea, le mit en évidence à toute occasion croyant se ménager une créature et prépara ainsi la période historique, que Bonaparte devait inaugurer quatre ans après en l'accablant de mépris, et en le chassant honteusement.

La Convention se sépara le 26 octobre 1794.

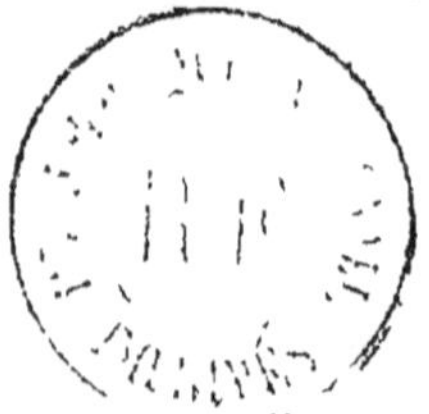

LE DIRECTOIRE

Le Conseil des Anciens et celui des Cinq-Cents se constituèrent le 27 octobre et les directeurs furent élus.

Le nouveau gouvernement se débattit pendant quatre ans entre les intrigues bourgeoises, les insurections, royalistes, communistes, militaires, jacobines et contre la banqueroute.

Pour combler les déficits laissés par la royauté, pensionner les innombrables fonctionnaires monarchistes dont elles supprimaient les inutiles et oppressives fonctions, racheter les privilèges tyranniques de la noblesse et du haut clergé, faire face à la disette qui régnait depuis les dernières années de la monarchie, procéder aux améliorations, soumettre les provinces soulevées par les royalistes, délivrer le territoire des armées ennemies qu'ils y avaient attirés et réparer les désastres causés par la guerre permanente qui en résultait, les Assemblées précédentes s'étaient trouvées entraînées à émettre successivement, sous le nom d'assignats, pour 44 milliards de papier-monnaie dont les propriétés nationales valant à peine deux milliards, garantissaient seules le paiement. Ce papier qui dans de semblables conditions ne pouvait avoir cours qu'en France, était tellement déprécié, que cinq mois après l'installation du Directoire, trois francs en argent monnayé s'échangeaient contre mille francs en assignats.

Le commerce, l'industrie, étaient ruinés ; nos armées, sans approvisionnements devant la coalition toujours redoutable.

La bourgeoisie qui s'était appuyée sur le peuple pour détruire la noblesse, dut s'appuyer sur cette noblesse ou ses représentants, quand elle voulut maîtriser le peuple. L'accord se fit par la répartition du pouvoir entre deux Chambres, servant chacune de forteresse à chaque groupe antipopulaire. Les corrompus de la Convention inaugurèrent ce système abrutissant, consistant à mettre en présence continuelle dans un inévitable antagonisme, les ambitieux de deux partis opposés.

Il est démontré que s'il existe plusieurs partis, ce n'est pas que les antagonistes soient en divergence de vues gouvernementales. C'est là le moindre de leur souci. Il existe plusieurs partis, parce que les sinécures bien rétribuées ne sont jamais assez nombreuses pour les fainéants qui les convoitent, de là scission et sous diverses dénominations ; associations pour supplanter les occupants.

Le mode de gouvernement par deux Chambres, utilisé depuis par tous les hommes sans principes, a pour but, d'égaliser, entre deux révolutions, les parts et les chances de dissidents avides qui n'osent se mesurer. Il est pour les chefs d'Etat, l'application de l'axiome : « Diviser pour régner. »

La nation qui subit cette misérable combinaison doit renoncer au repos et à la prospérité, car en face des rivalités qu'elle développe et qu'elle accentue, les élus, qu'ils le veuillent ou non, sont entraînés à batailler dans de méprisables intrigues, et préparent les catastrophes nationales.

Ouvrez les yeux et voyez.

A l'avènement du Directoire, Hoche sur les côtes de l'Océan surveillait les Anglais, la Bretagne, et la Vendée. Le général Moreau avec Desaix, commandait l'armée du Rhin. Jourdan avec Marceau, celle de Sambre-et-Meuse. Bonaparte commandait l'armée intérieure qu'il quitta bientôt pour l'armée des Alpes, où opéraient déjà contre les Piémontais et les Autrichiens, les généraux Masséna, Augereau, Berthier, Joubert, Serrurier, La Harpe, etc... Une armée portée à cinquante-cinq mille hommes envahit l'Italie, défendue par deux cent mille ennemis ; livra en 10 mois (avril 1796 à février 1797), douze batailles. soixante combats ; trois armées autrichiennes y perdirent vingt mille tués et quatre-vingt mille prisonniers ; elle reprit la Corse aux Anglais. Du 16 mars au 1er avril une quatrième armée levée par l'Autriche eut le sort des trois autres, tandis que les armées du Rhin et de Sambre-et-Meuse remportaient d'éclatantes victoires. L'Autriche effrayée demanda la paix (18 avril 1797), abandonnant la Belgique, cédant le Milanais, et ratifiant la cession des provinces Rhénanes faite précédemment par la Prusse. Cette paix nous attribuant également les îles Ioniennes, fut signée à Campo-Formio, le 17 octobre 1797.

Pendant ces événements, appuyés par l'Angleterre, Charette et Stofflet, reprenant les armes, avaient tenté un nouveau soulèvement en Vendée. Ils furent pris et fusillés. Une insurection ayant pour chef Babœuf, et pour but le partage des terres et des fortunes entre tous les citoyens, échoua également, deux des principaux promoteurs furent exécutés.

Les administrateurs élus dans les départements et les communes, peu initiés à leurs fonctions, restaient sans force, des bandes de vagabonds pillaient le Midi et l'Ouest, les émigrés rentraient pour conspirer et travaillaient ouvertement à rétablir la royauté. Leur tâche était facilitée par l'énervement des populations, fatiguées de luttes infructueuses; redevenues assez inintelligentes, assez oublieuses, pour espérer le repos par l'autorité royale ; et entretenues dans cette idée par une presse vendue attaquant chaque jour la République avec violence.

Les élections de 1797 donnèrent aux royalistes la majorité dans les deux Chambres. Le général Pichegru, acheté par la promesse de un million comptant et de deux cent mille francs de rente, fut nommé par eux président des Cinq-Cents. Ils choisirent également un des leurs pour président du Conseil des Anciens, et firent entrer l'un d'eux dans le Directoire. La Constitution était menacée, la monarchie semblait sur le point d'être rétablie.

D'accord avec les directeurs républicains, Bonaparte détacha le général Augereau, l'envoya à Paris où il introduisit douze mille hommes pendant la nuit et cerna le lieu des séances des deux Assemblées. (4 septembre 1797). Sous cette protection la minorité républicaine violant les lois annula les mandats des monarchistes; rétablit les lois révolutionnaires abrogées par la majorité ; condamna à la déportation cinquante-trois députés royalistes, suspectés d'avoir voulu changer la forme du gouvernement. La même peine fut prononcée contre deux directeurs, dont l'un, Carnot, refusait de s'associer aux mesures violentes de ses collègues. Il dirigeait depuis 1793 les opérations militaires de tous les corps d'armée. Il était un de ceux auxquels la France républicaine devait ses victoires. Cet austère républicain , une de nos grandes

figures révolutionnaires, ennemi des intrigants, gênait Bonaparte, il lui fut sacrifié. Ce fut une partie du fruit de sa coopé-
ration dans ce coup de force. Un grand nombre de particu-
liers accusés de royalisme subirent aussi la déportation.

Le général Moreau qui depuis plusieurs mois possédait les
preuves de la trahison de Pichegru, et avait prudemment
attendu l'issue des événements, le dénonça. Ce retard suspect
le fit destituer. Hoche, désigné pour le remplacer à l'armée du
Rhin, y mourut quelques jours après son arrivée. Il avait
vingt-neuf ans. Ce général, pur de toute intrigue, avait au plus
haut degré la faveur populaire et l'estime de tous. Il était un des
plus fermes soutiens de la République contre les projets royalistes, et bonapartistes dont on se préoccupait déjà. L'autopsie
de son corps démontra qu'il avait été empoisonné.

Après le traité de Campo-Formio les Anglais restèrent seuls
contre nous, capturant nos vaisseaux et bloquant nos ports.
Bonaparte mis en évidence par les succès d'Italie, fut nommé
général d'une armée réunie pour envahir leur île. Il vint à
Paris où les acclamations de la foule, saluant en lui l'armée
qu'il commandait, contribuèrent à fortifier les convoitises dic-
tatoriales qu'il avait déjà laissé entrevoir. Trouvant trop
périlleux le projet de descente en Angleterre préparé par
Hoche et Truguet, il le fit abandonner ; par suite, notre action
allait se borner à une lutte maritime.

La France, respirant après les luttes gigantesques d'où elle
était sortie victorieuse, allait pouvoir s'organiser à l'intérieur,
travailler à rétablir ses finances, son industrie, son commerce,
sa marine militaire. Pour Bonaparte sans rôle prépondérant
dans cette reconstitution pacifique, c'était l'oubli prochain, et
par suite l'insuccès de ses projets ambitieux. Alors il n'hésita
pas à créer à la République de nouveaux ennemis. Disposant
du Directoire par l'éloignement de Carnot et la protection de
Barras, il fit décider une guerre de conquête, en face de l'Europe hostile n'attendant qu'une occasion pour nous attaquer
encore. Une expédition en Egypte fut préparée secrètement,
les directeurs séduits espéraient bénéficier d'immenses richesses accumulées qu'ils se réservaient de s'approprier.

Le 10 mai 1798 Bonaparte partit avec quatorze vaisseaux et près de quarante mille hommes choisis parmi nos meilleures troupes. On parvint à éviter les forces anglaises qui couvraient la Méditerranée. Trois mois plus tard, après une série de victoires, l'armée compromise dans cette aventure était prisonnière dans sa conquête. Le 1er août 1798 la flotte anglaise commandée par Nelson avait surpris et anéanti, dans la rade d'Aboukir, l'escadre qui la ravitaillait. Notre marine militaire déjà si réduite ne comptait plus, notre commerce maritime restait sans protection. L'armée d'Egypte envahit la Syrie, échoua devant Saint-Jean d'Acre qu'elle abandonna le 20 mai 1799 après trois mois de siège. Décimée par la peste, elle rentra en Egypte et y resta entourée d'ennemis, sans moyens d'agir.

Pendant ce temps le Directoire sous prétexte d'équilibrer les partis allait d'un excès à l'autre, il avait le 11 mai 1798 fait annuler les élections des députés patriotes; par contre, il fit voter une loi des otages destinée à placer la noblesse sous sa dépendance, et enleva au pape son pouvoir temporel. Incapable et faible avec les généraux, il laissait Championnet à Naples, et Brune en Lombardie emprisonner ses représentants. Il n'était pas plus habile en finances. L'intérêt de la dette publique s'élevait à 258 millions, il décréta le remboursement des deux tiers par des bons nationaux dépréciés, ne représentant pas dix-sept pour cent de leur valeur nominale, l'autre tiers fut ajouté au montant de la dette. Cette banqueroute fut complétée, par un décret d'emprunt forcé de cent millions.

Voyant nos embarras militaires et financiers aggravés par la division gouvernementale, l'Autriche, la Russie, une partie de l'Allemagne, Naples, le Piémont, se réunirent contre nous, qui luttions déjà avec l'Angleterre et la Turquie sur mer et en Egypte. Cette nouvelle coalition fut un des résultats de l'expédition criminelle de Bonaparte.

Alors fut décrétée une loi de conscription astreignant au service militaire, tout Français âgé de 20 à 25 ans. Une levée de deux cent mille hommes fut ordonnée.

Du 1er mars au 15 août 1799, nos armées d'Allemagne et

des Alpes, après des défaites successives, reculèrent devant des forces supérieures, l'ennemi allait forcer notre frontière d'Italie et envahir notre territoire. Deux victoires nous sauvèrent. Brune battit quarante mille Anglais et Russes débarqués en Hollande, et les rejeta à la mer. Masséna remporta en Suisse la victoire de Zurich (25 et 26 septembre) où il battit et sépara, les Autrichiens et les Russes, ces derniers se retirèrent de la coalition.

Bonaparte ayant appris ces événements donnant à la foule des noms souvent glorieux, à acclamer encore, et lui permettant de constater une fois de plus combien facilement on pouvait se passer de lui, qui venait de perdre une partie de notre flotte et une de nos plus valeureuses armées, dans son entreprise personnelle, n'hésita pas à commettre une lâcheté pour reparaître en scène. Il quitta l'Egypte, abandonnant furtivement ce qui restait de ses soldats. Une frégate le ramena en France, et il accourut à Paris. La Convention l'aurait fait fusiller ; grâce à d'occultes influences, le Directoire le laissa libre mais sans emploi. Il s'aboucha bientôt avec des intrigants comme lui enfiévrés d'ambition, espérant se servir les uns des autres et se tromper mutuellement. Tous se mirent à l'œuvre pour changer le gouvernement à leur profit. Il reçut leurs confidences, leur promit d'utiliser ses relations pour faire appuyer la révolte ; puis supérieur à eux en astuce et en perfidie, il se prépara à bénéficier de leurs efforts, et à ajouter à son titre de déserteur celui de violateur des lois.

Les conjurés préméditaient le renversement du Directoire, la dissolution des assemblées, et la revision de la Constitution pour la mettre au service de leurs intérêts. Bonaparte accabla le Directoire de ses protestations dé dévouement, et de basses adulations, tandis qu'il détournait de leur devoir les chefs les plus influents de l'armée intérieure, en obtenant leur concours pour substituer le pouvoir militaire au pouvoir civil.

Les conspirateurs résolurent de séparer le Directoire des Conseils en les éloignant de Paris où ils étaient sous la protection de la population. La Constitution donnant au Conseil des Anciens le droit de transférer les deux Assemblées hors de la capitale, les principaux conjurés très influents parmi ses membres, y obtinrent une majorité pour la translation immédiate au château de Saint-Cloud ; et pour la nomination de Bonaparte au commandement en chef de l'armée de Paris, avec mission de veiller à ce qu'aucun obstacle ne vînt entraver l'exécution du décret (9 novembre 1799).

Deux membres du Directoire, Sieyès et Roger Ducos, faisaient partie des conjurés. Barras rejeté par eux, instruit de leurs projets et craignant la lutte, donna sa démission ; par suite, les deux autres directeurs Moulins et Gohier se trouvèrent en minorité, sans action sur les chefs militaires placés sous les ordres de Bonaparte, et vendus à l'insurrection.

Tout était préparé pour la réussite des conspirateurs. Bonaparte, en vertu de ses nouvelles fonctions, se rendit au Conseil des Anciens pour prêter serment de fidélité aux lois, pendant que, sur son ordre, Paris se couvrait de troupes s'installant stratégiquement aux points déterminés à l'avance. Le lendemain, après avoir consigné au Luxembourg les directeurs Gohier et Moulins sous la surveillance du général Moreau, mêlé par instinct à toute infamie, il se rendit à Saint-Cloud et se présenta au Conseil des Anciens, où il fut apostrophé avec véhémence, par les membres de la minorité mis en éveil par ses préparatifs. Il en sortit, fit entourer le lieu des séances, et accompagné d'un peloton de grenadiers se rendit aux Cinq-Cents, où Lucien Bonaparte son frère et son complice présidait ; parvenu à la tribune malgré les députés il ne put parler car un immense tumulte suivit cette violation des droits de l'Assemblée, un vote le déclara hors la loi ; des députés descendus de leurs sièges le menacèrent. Muet, incapable de donner un ordre, il s'enfuit. Le président Lucien le rejoignit, et sous prétexte de faire rétablir le calme, ses fonctions lui donnant ce droit, il ordonna aux troupes de faire évacuer le lieu des séances. Bonaparte, rassuré en voyant envahir la salle, fit poursuivre et chasser les représentants. Le Conseil des Anciens resté seul en délibération obéissant à ses ordres, supprima le Directoire, donna provisoirement le pouvoir à trois consuls, Bonaparte, Sieyès, et Roger Ducos, chargea deux commissions de vingt-cinq membres de reviser la Constitution ; et se dispersa en ajournant les deux Chambres indéfiniment. Bonaparte fut s'installer au Luxembourg, où il traita en subalternes ses deux collègues désappointés, comprenant alors, que ce soldat qu'ils espéraient jouer, était devenu le maître et que la brutalité allait remplacer l'hypocrisie.

Là il prépara la curée pour ceux qui l'avaient soutenus, forma un ministère composé de ses aides, se fit nommer premier consul par la commission constitutionnelle ; et la nouvelle constitution fut rédigée sous ses ordres.

Elle établissait trois consuls, dont lui le premier nommé pour dix ans devait seul posséder le pouvoir exécutif, les deux autres étaient réduits au rôle de conseillers. Elle subordonnait le pouvoir législatif au pouvoir exécutif, établissait un semblant de Chambre législative composée de trois cents membres, n'ayant que le droit de voter, sans discussion, les lois présentées par un conseil d'Etat émanant du consulat. Un tribunat de cent membres avait le droit de les discuter sans les voter. Un sénat, composé de quatre-vingt membres inamovibles désignés par le premier consul, choisissait tribuns et législateurs, sur une liste de notabilités provenant d'un suffrage à quatre dégrés. Lorsque toutes les clauses furent formulées, Bonaparte acheva de centraliser le pouvoir entre ses mains, en envoyant ses partisans administrer les départements, y désigner, et styler les fonctionnaires de tout rang. Quand tout fut prêt, il fit présenter la Constitution dite de l'an VIII au vote populaire, qui l'adopta par 3,011,000 suffrages contre 1,567. La France acceptait pour chef d'Etat un chef militaire, elle allait être menée militairement.

Sous le régime des armées permanentes, un chef militaire est un homme ayant de son plein gré choisi pour carrière : La défense du pays ? Sans doute, mais fatalement aussi, subordonné son avancement, son honneur, à ses succès dans la science du meurtre et de la destruction, qu'il a pour mission de propager en s'y livrant exclusivement, en étouffant chez lui et autour de lui, tout scrupule pouvant l'entraver ; en exigeant despotiquement et sous la sanction de terribles peines, une obéissance aveugle. Il est utile au pays, son dévouement peut en assurer la sécurité, donc, dans l'exercice de sa profession il a droit à la gratitude et au respect de tous. Mais habitué forcément à agir en despote, destiné à détruire les résultats du travail, autant qu'à les sauvegarder, rien ne l'a préparé, à diriger des intelligences réformatrices ou productives, il le sait, par suite, le soldat qui convoite, accepte ou saisit le rang de chef d'État, est méprisable, car ce déserteur du travail militaire ne peut avoir qu'un programme, dicté par le bas instinct inavoué des jouissances matérielles : Changer le pays en caserne, pour changer le peuple en esclave. Les hommes de cœur faisant partie de l'armée restent à leur rang. Rappelez-vous-le, quand vous tiendrez un bulletin de vote.

Un homme d'Etat doit chercher l'honneur dans la paix, sauvegarder les existences et les intérêts, travailler à éclairer le pays, étudier ses volontés réfléchies et y subordonner ses actes.

Le pays réuni dans ses comices possède seul le droit de modifier ses lois ; et les commissions chargées de ce travail doivent émaner de lui. Si il s'agit d'une constitution, chaque clause doit être examinée par la nation, et acceptée ou rejetée séparément. Hors de là quel que soit le nombre de suffrages surpris et proclamé par les dictateurs leurs constitutions ne sont que des décrets liberticides, et ceux qui les soutiennent ne sont que les agents de bandes factieuses. Ne l'oublions pas.

Rappelons-nous aussi, que tout homme ayant usurpé le pouvoir ne peut le conserver sans combattre les aspirations des générations nouvelles, vers le droit, vers la liberté. La guerre à toujours été le moyen choisi. Vous avez pu voir où elle conduit une nation, à la démoralisation, au dégoût du travail, puis par la recherche des querelles injustes, à la perte de l'honneur, et à l'abaissement par l'étranger.

Revenons à Bonaparte, cet homme à qui des écrivains asservis, firent une auréole de gloire, due à une pléiade de héros issus de la République.

Bonaparte fit germer son pouvoir dans la duplicité et dans le sang de nos soldats, sur la tombe de la liberté morte sous ses coups, il détruisit l'œuvre démocratique, et rejeta le peuple dans cet avenir de misère et d'incertitude, où il se débat encore aujourd'hui.

Maître de la situation, maître de l'armée, appuyé sur les renégats des anciens partis, méprisant la foule qui s'était lié les mains par son vote, il fit déporter sans jugement, chassa du Tribunat et du Corps législatif les membres qui le gênaient, supprima les journaux refusant de subir ses ordres, et menaça le reste, réserva les emplois publics à ses adulateurs, et avec leur concours violant à toute occasion la justice, il se prépara à fonder une nouvelle dynastie. Dès le début, il avait tenu éloigné ceux de ses anciens compagnons d'armes, dont il redoutait la loyauté et le libéralisme. L'un d'eux, Masséna, le vainqueur de Zurich fut laissé avec trente-six mille hommes sans munitions, sans vêtements, sans pain, devant cent vingt mille Autrichiens.

Écrasé, rejeté dans le Var avec quinze mille hommes qui lui restaient, il gagna Gênes, où pendant deux mois de luttes héroïques, il maintint l'armée autrichienne, lui tuant plus d'hommes qu'il n'avait de soldats.

Tandis que le premier consul employait les troupes et les fonds publics à assurer sa domination, l'ennemi, en Italie et aux frontières, ne trouvait devant lui qu'un petit nombre de défenseurs dans un complet dénuement; et faisait chaque jour de nouveaux progrès. Bonaparte forcé par l'opinion, dut enfin s'en occuper, il réunit une armée considérable. Nos intrépides soldats traversèrent les Alpes, il entra avec eux en Italie. Un mois après, le 6 mars 1800, tombé au milieu des Autrichiens dont il ignorait la position exacte, battu jusqu'au soir malgré l'héroïsme de nos soldats succombant sous le nombre, il fut secouru à temps par Desaix, qui guidé par le canon, accourut avec son corps d'armée et fit des prodiges de valeur. La bataille de Marengo fut gagnée, ses suites rendirent à la France l'Italie perdue. Desaix à qui l'on devait ce résultat était parmi les morts. Cela devait être.

Les opérations continuèrent. De son côté l'armée du Rhin avait pris l'offensive. Le 3 décembre 1800 elle remporta la victoire de Hohenlinden, l'Autriche abattue évacua l'Italie, demanda la paix et l'obtint pour la deuxième fois.

Quelques mois après s'achevait la destruction de l'armée d'Égypte, perdue et abandonnée par Bonaparte. Dix mille Anglais en vainquirent les débris le 9 avril 1801, et le 2 septembre suivant, à la suite d'une convention humiliante, le petit nombre des survivants put rentrer en France.

L'Angleterre épuisée par les dépenses faites pour subventionner ses alliés, hors d'état de continuer ses subsides ou de lutter seule, signa en mars 1802, la paix d'Amiens, reconnaissant toutes nos conquêtes continentales, et nous rendant les colonies françaises conquises pendant ces dernières années. Bonaparte profita de la joie résultant de la conclusion d'une paix complète, qu'on espérait durable, pour déchirer encore une fois la Constitution.

Un nouvelle Constitution dite de l'an X fut promulguée, c'était la cinquième depuis dix ans ; elle nommait Bonaparte Consul à vie avec droit de désigner son successeur. Elle fut mise comme l'autre, sous la garde du Sénat chargé de l'interpréter, et d'en suspendre l'effet quand son maître le voudrait. Cette honnête institution fut nantie du droit de dissoudre le Corps législatif et le Tribunat, de suspendre le jury ; et de mettre les départements hors la loi.

Les deux autres consuls, témoins passifs de ces changements, étaient également nommés à vie. 3,577,000 suffrages contre 991,000 opposants, approuvèrent ce nouvel attentat (2 août 1802).

Insatiable et visant plus haut, Bonaparte mit en mouvement les influences dont disposaient ses valets titrés, occupant toutes les places administratives du territoire. Il avait précédemment rappelé les prêtres catholiques, fait rétablir leur culte et signé à ce sujet un concordat avec le pape. Pour achever de les attirer à lui, il inaugura la paix religieuse à Notre-Dame avec la plus grande solennité, et s'y montra aussi fervent catholique, qu'il s'était montré fervent musulman à Alexandrie et au Caire, où il se faisait appeler fils du Prophète.

Une conspiration royaliste ayant pour but l'assassinat du premier consul et le rétablissement de la monarchie fut organisée par quelques individns nommés, de Polignac, de Rivière, Cadoudal, etc.; Pichegru en faisait partie, le général Moreau qui avait espéré partager le pouvoir avec Bonaparte et se trouvait définitivement évincé était parmi les conjurés arrêtés. On profita de l'occasion pour déporter le plus possible de républicains et en fusiller d'autres. Pichegru s'étrangla dans sa prison, vingt royalistes furent condamnés à mort, mais Cadoudal et un de ses hommes furent seuls exécutés. Moreau condamné à deux ans de prison fut gracié. Son heureux complice de Brumaire lui devait bien cela, il se retira en Amérique, d'où il revint en 1813 se mettre au service de la coalition qui nous vainquit.

PREMIER EMPIRE

Bientôt le premier consul jugeant les esprits suffisamment préparés par ses émissaires et ses journalistes, changea encore une fois la Constitution. Le Sénat qui se traînait sous ses bottes obéissant à ses ordres, lui décerna le titre d'Empereur avec hérédité pour ses descendants. Un plébiscite lui confirma ce titre, par 3,572,000 suffrages contre 2,500. L'Empire fut proclamé le 18 mai 1804. Bonaparte prit alors le nom de Napoléon Ier. La bourgeoisie et le militarisme lui fournirent les éléments d'une nouvelle noblesse, qui l'aida à remettre le peuple sous le joug. Ce qui avait survécu des libertés conquises depuis 1789, fut sacrifié à son despotisme. Il ne s'arrêta pas là. Voulant donner carrière à son orgueil inassouvissable, redoutant le réveil de l'opinion et ses revendications, il lança le pays dans toutes les aventures. Il eut vis-à-vis des cabinets étrangers toutes les exigences, se mêla à toutes les querelles européennes; les provoqua, maintint la guerre à l'état permanent, fit décimer ses sujets par l'étranger, lequel, pour avoir enfin la paix, réunit encore ses forces pour nous ruiner.

Napoléon Ier, après avoir épuisé toutes les ressources du pays écrasé par l'Europe coalisée, abdiqua en 1814, partit poursuivi par les insultes de ses accolytes enrichis, laissant derrière lui la France saccagée abattue agonisant dans le sang versé. Quant à lui on l'installa à l'île d'Elbe avec deux millions de revenu à prendre sur notre budget.

RESTAURATION

LOUIS XVIII. — LES CENT-JOURS. — CHARLES X

L'ancienne noblesse et ses princes réfugiés à l'étranger avaient de tout leur pouvoir contribué à ce dénouement. Ils revinrent en rampant dans les traces de l'ennemi qui, sachant jusqu'où peut descendre l'esprit de vengeance réuni à l'avidité, les tolérait songeant à les utiliser. Le comte de Provence frère de Louis XVI, déclaré roi sous le nom de Louis XVIII, fut imposé à la France, et la bourgeoisie se mit à crier : « A bas l'Empire, vive le roi et vivent nos bons alliés. »

Pour prix de ce service, le nouveau roi signa un traité abandonnant cinquante-huit forteresses, douze mille canons, trente vaisseaux, douze frégates, et presque tous les territoires conquis depuis 1792.

En 1815 se produisit l'épisode historique connu sous le nom des Cent-Jours, dernière convulsion ambitieuse de l'Empereur déchu, lequel quitta l'île d'Elbe, revint France en se prétendant converti au libéralisme, soulevant sur sa route l'armée et les populations, qui cessant de crier vive le Roi, crièrent vive l'Empereur. Il réinstalla l'Empire, avec une nouvelle Constitution votée par 1,500,000 suffrages contre 4,000 opposants, se réservant de la violer comme les autres en temps opportun ; se soutint pendant trois mois contre une nouvelle coalition qui envahit la France, triompha de nos armées, et envoya Napoléon Ier mourir à Sainte-Hélène.

Louis XVIII qui s'était enfui, revint encore une fois à la suite de l'étranger, fut rétabli par lui ; et les populations recommencèrent leurs vivats suivant l'usage.

, Pour obtenir cette seconde restauration, Louis XVIII s'était engagé vis-à-vis des coalisés à leur faire payer par le pays près de douze cents millions, avait consenti à de nouvelles cessions de territoire, nous dépossédant des conquêtes d'un siècle, et ouvrant nos frontières aux futures entreprises ennemies. En somme, le roi et sa noblesse avaient vendu une partie de la France pour régner sur le reste, c'est-à-dire faire travailler le peuple, et s'approprier le fruit de son travail.

En raison des positions acquises par l'ancienne bourgeoisie, les nouveaux venus durent compter avec elle. En 1814, un semblant d'accord s'était fait sur une Convention constitutionnelle (la Charte), établissant une monarchie héréditaire, une Chambre des pairs également héréditaire, composé par le roi. Une Chambre des députés composée de contribuables payant au moins mille francs de contributions, nommés par d'autres contribuables, payant trois cents francs; les deux Chambres ayant le droit de vote de l'impôt, et de la discussion des lois.

La garde nationale bourgeoise, pouvait offrir à la classe moyenne quelque garantie. Quant au peuple, il était oublié dans ces arrangements qui lui enlevaient définitivement toute immixtion dans les affaires publiques, et le maintenaient dans la catégorie des choses à exploiter.

La noblesse et la haute bourgeoisie restaient seules en présence, chacune d'elles, se prépara à renverser l'autre, pour ressaisir sans partage ce qu'elles appelaient leurs droits ; c'est-à-dire la jouissance du produit du labeur du peuple.

Pour réussir, la bourgeoisie se posa encore une fois en champion des libertés populaires, créa des journaux pour les revendiquer et organisa des sociétés secrètes. Ses adversaires s'allièrent à tous ceux ayant intérêt à rétablir ce qui existait avant 1789. Ils instituèrent pour trois ans des cours prévôtales, dont les sinistres arrêts frappant les libéraux et les républicains, terrifièrent la foule. Ils suspendirent le cours des lois protégeant la liberté individuelle, rétablirent la censure sur les écrits, firent condamner les journaux sans délit déterminé, pour direction contraire aux vues royales. Ils travestirent l'histoire à l'usage des écoles, y accumulèrent des mensonges destinés à exalter la monarchie et à inspirer l'exécration de nos gloires républicaines, les grands propriétaires eurent le privilège d'un double vote.

On en était là, lorsque en 1824, Louis XVIII mourut. Le comte d'Artois son frère, deuxième frère de Louis XVI, devint roi sous le nom de Charles X. Ce prince, instrument docile des émigrés revenus, définissait ainsi le pouvoir royal :

« En France, le roi consulte les Chambres, il prend en » considération leurs avis, mais si le roi ne peut être per- » suadé, sa volonté doit s'accomplir. » Que devenait en ceci la Charte, dont il avait juré le maintien ?

A peine installé, il obtint des Chambres une indemnité de un milliard pour les émigrés, il voulut rétablir les couvents de femmes, le droit d'aînesse, il fit voter par les députés la loi du sacrilège , punissant avec un extrême sévérité les moindres actes anticatholiques.

En 1827, pendant une revue le cri de : à bas les ministres, ayant été proféré, la garde nationale fut supprimée. En juillet 1830, une expédition organisée pour détourner les esprits des affaires intérieures, nous donna Alger. Quelques jours après ce succès de nos soldats, Charles X, roi parjure, viola ouvertement la Charte par une ordonnance supprimant la liberté de la presse, et annulant les récentes élections trop libérales à son gré.

RÉVOLUTION DE 1830

LOUIS-PHILIPPE Ier

La bourgeoisie sérieusement atteinte, et prévoyant son abaissement rapide appela le peuple à son aide, celui-ci malgré ses griefs contre elle, revivifié par de nouvelles générations, se leva, prit les armes, vainquit, et renvoya à l'étranger le roi et l'entourage amenés par lui quinze ans auparavant, puis, comme toujours, se demanda ce qu'il allait faire ?

La bourgeoisie veillait, se servant des prolétaires comme le chasseur se sert du chien; elle ne donna pas au peuple ignorant et surpris de sa victoire, le temps de s'organiser ; du reste rien ne l'avait préparée à bénéficier de cet effort. Elle saisit le pouvoir. Un transfuge de la famille du vaincu, cousin du roi tombé, duc d'Orléans, fut assis par elle sur le trône vacillant. Le nouveau venu prit le nom de Louis-Philippe Ier, jura tout ce qu'on voulut et moitié par persuasion, moitié par force, l'inauguration de la monarchie bourgeoise fut subie par le prolétariat. Bientôt le peuple ébloui put admirer une nouvelle garde nationale, et des députés à cinq cents francs d'impôts, nommés par des électeurs à deux cents francs. Ce fut là toute sa part dans cette affaire. Les vainqueurs populaires retournèrent à leur labeur comblés de belles promesses.

La cour respira, et sauf les mitraillades des ouvriers de Lyon demandant des salaires rémunérateurs, le partage des places ne fut troublé que par les fusillades nécessaires à calmer les républicains trompés, les travailleurs frustrés, et par les éventrements de femmes, d'enfants, de vieillards, nécessaires, paraît-il, aux triomphes monarchiques. C'est en dirigeant ces dernières opérations à titre de ministre de l'intérieur, qu'un des futurs sauveurs de la France, M. Thiers, préparait ses brillantes destinées.

En 1836, on déversa sur l'Algérie les jeunes libéraux, et on appliqua leurs facultés à sa conquête, on put ainsi se dispenser de les faire fusiller en France ; la plupart de ceux qui revenaient, étaient trop militaires, pour être à craindre. Ce fut une bonne mesure gouvernementale.

Il est juste, il est salutaire, de saisir les jeunes gens à l'âge des aspirations généreuses, et de l'éclosion de l'énergie, de les soustraire à l'étude des revendications sociales, dont ils deviendraient les énergiques champions, de les enlever au travail national, dont on compromet l'avenir en leur comprimant le cerveau sous la discipline régimentaire ; de les styler à tuer et à piller sans raisonner, sans réfléchir, n'importe qui, sous n'importe quel prétexte, sous peine d'être fusillés ; et de ne les remettre en liberté qu'à demi crétinisés. C'est là le résultat de la durée actuelle, et de l'organisation du service militaire. Il paraît que le salut de la *Société* l'exige. Ne touchez pas à l'armée, avant de vous informer de quelle *Société* il s'agit.

Néanmoins, on ne pouvait parer à toutes les difficultés, ceux qui, dans l'entourage du roi, s'étaient au début contentés de places inférieures, enviaient les premières ; ils avaient des enfants à placer ; etc..., les luttes de larrons au partage devenaient plus sérieuses. Ceux d'en bas plus près du peuple ce géant ignorant, ce jouet de toutes les hypocrisies, ce levier de toutes les ambitions, lui parlèrent de réformes libérales, l'intéressèrent à leur cause. L'agitation se propagea lentement il est vrai, mais sûrement et grandit tout à coup.

RÉVOLUTION DE 1848

(SECONDE RÉPUBLIQUE)

En février 1848, des réunions réclamant entre autres réformes un changement de ministère, et un droit de suffrage plus largement basé, étendu sans conditions d'impôt aux titulaires de professions libérales, agitaient les départements et furent interdites à Paris, où à cette occasion des attroupements furent dispersés par la force armée. Alors le mouvement populaire préparé par les mécontents de la bourgeoisie se produisit, il dépassa le but que s'étaient proposé les meneurs. La monarchie de Juillet renversée alla rejoindre ses aînées, ses comparses les plus compromis se retirèrent avec les profits recueillis pendant sa durée ; gardant l'espoir de reparaître bientôt pour y ajouter encore, car le suffrage universel venait d'être établi par un gouvernement provisoire ; et les fuyards comprenaient, qu'avec le concours du personnel administratif conservé en grande partie, il allait leur livrer la direction des événements. Ils ne se trompaient pas, le peuple, embarrassé de lui-même et de son succès, regardait de leur côté. Ils affectèrent de se présenter humblement, convertis à jamais à la démocratie, prêts à accomplir les volontés de ce peuple, si noble, si magnanime, etc., seul grand et véritable maître ; et offrirent leurs services pour vingt-cinq francs par jour. C'était peu mais il fallait bien recommencer par quelque chose.

Un si touchant retour, une si vertueuse abnégation, eurent leur récompense.

Les nouveaux électeurs firent fonctionner le suffrage universel, et presque tous ceux qu'on avait voulu chasser se retrouvèrent en bonne situation pour reprendre les places convoitées. Une Assemblée Constituante, réunie le 4 mai 1848, proclama la République, et confia le pouvoir exécutif à cinq membres. Quelques semaines écoulées, les choses avaient repris leur cours d'autrefois. Les manifestations pacifiques, seul moyen à la disposition des ouvriers pour exposer leurs misères, ou leurs désirs, étaient dispersées par la force ; et comme, malgré tout, le prolétariat persistait à réclamer aux députés en fête les améliorations impossibles, promises par eux pour être élus. On avisa.

Des ateliers nationaux créés pour parer à la stagnation commerciale produite par la Révolution furent subitement fermés. A Paris seulement, cent mille ouvriers se trouvèrent tout à coup sans ressources et sans pain. Ils réclamèrent, n'obtinrent rien, et se mirent en insurrection, les pauvres gens! C'était ce que voulaient les politiciens sérieux, ils étaient prêts. Néanmoins l'importance inattendue du mouvement les effraya.

Le ministre de la guerre, général arrivé récemment d'Algérie où il avait appris à apaiser les populations, fut nommé par l'Assemblée chef du pouvoir exécutif ; remplaça à lui seul la Commission exécutive dissoute, et fut chargé de sauver la France, c'est-à-dire les dirigeants, leurs bénéfices obtenus, et leurs espérances de bénéfices futurs dont on lui promettait sa part. Il se mit à l'œuvre, et les ouvriers furent écrasés dans les rues de Paris, après trois jours de défense désespérée.

Hommes d'alors ! vous rappelez-vous l'hécatombe de juin 1848? Des ouvriers presque sans armes, des enfants, des femmes, attendant la mort derrière des barricades, enfoncées par le canon, franchies par une armée avinée, et par une garde nationale mobile composée de jeunes déclassés, de jeunes vagabonds de 16 à 20 ans, venus de tous les coins de la France, qu'on avait réunis pour les tenir en main, qu'on s'apprêtait à jeter en Afrique pour s'en débarrasser, qu'on surexcita en les appelant : Espoir de la Patrie, Soutiens de l'ordre, et qu'on précipita à demi ivres sur les affamés. Les pères n'avaient pas su en faire des hommes intelligents, leurs voisins allaient en subir les conséquences.

Ouvriers ! si vos fils étaient élevés, instruits par vous comme ils doivent l'être, vous ne serviriez pas de cibles aux soldats, lorsque vous avez à lutter contre les spoliateurs.

Les hommes politiques de 1848 connaissaient leur métier. Ils lancèrent les jeunes sur les vieux. Quelles que fussent les victimes, qu'importait ?... C'étaient des meurt-de-faim de moins. C'était la haine pour longtemps entre les survivants, entre l'armée et le peuple ; garantissant aux hommes en place quelques années de digestion tranquille. On verrait après.

Evoquez-les, ces journées de juin 1848 ! où les vaincus entassés dans des caves recevaient une balle dans le crâne lorsqu'ils venaient respirer, où les prisonniers convoyés par les gardes mobiles étaient fusillés dans le rang au moindre mouvement, insultés ou frappés sur leur passage, par les trembleurs frémissant pour eux-mêmes, sous les regards louches, d'une police abjecte, primée pour chaque arrestation. Affolés de peur devant les assassins en uniforme, les voisins se dénonçaient mutuellement aux férocités de soldats changés en fous furieux, par l'ivresse permanente. Evoquez-les, ces jours néfastes si fréquents hélas ! où des gens de plume se disant conservateurs, hyènes immondes, s'en vont bavant sur les vaincus, achevant les blessés, et déterrants les morts.

Ouvriers de 1848 ! Avez-vous donné cette leçon d'histoire à vos enfants ? Non, car ils se seraient souvenus. Les électeurs de 1871 auraient composé différemment l'Assemblée de Bordeaux. Vos fils ne seraient pas devenus... ! l'armée de Versailles.

Un calme sinistre se rétablit, et les victorieux procédèrent à la distribution de titres, de grades, de décorations ; mais tout cela sonnait creux, tous ces gens auraient préféré des parts de prise, il n'y en avait pas ; et la qualification de bouchers de Cavaignac qu'ils conservèrent jusqu'à leur licenciement, ne parut pas, dès l'abord, suffisante aux gardes mobiles n'ayant que cela à se partager.

On vit alors la masse des hommes d'ordre se diviser. Les satisfaits bien placés se travestirent en républicains modérés. Les meneurs mécontents travaillèrent à rétablir la monarchie tombée. La foule grouillante des aides massacreurs trébucha sur un individu issu de la famille Bonaparte, échoué sur les bancs de l'Assemblée, perdu de réputation, criblé de dettes contractées dans la débauche ; ayant déjà tenté en Italie et en France trois coups de main de bandit. Elle le mit à sa tête et se tint prête à tout événement.

L'Assemblée constituante se sépara après avoir établi pour base gouvernementale :

Le suffrage universel nommant les membres d'une Assemblée unique, renouvelable tous les trois ans, et possédant seule, le pouvoir législatif. — Le suffrage universel avait également à élire un président de la République, non rééligible, possédant le pouvoir exécutif pour quatre ans, nommant à tous les emplois, négociant les traités, disposant de l'armée sans toutefois pouvoir en prendre le commandement ; et ne pouvant ni dissoudre l'Assemblée législative, ni s'opposer à la promulgation des lois votées par elle.

Si les journées de Juin n'avaient déjà mis en évidence l'esprit de réaction qui les animait, les dispositions qui précèdent suffiraient à donner la mesure de ces constituants, décrétant que pendant trois ans les députés pourraient selon leurs caprices gérer les intérêts de leurs électeurs réduits à laisser faire ; et mettant le pays à la merci d'un président, qui, sauf l'interdiction illusoire du droit de dissolution, allait posséder toutes les prérogatives royales, réunir sous son autorité l'administration par laquelle on exploite une nation, et la force armée avec laquelle on déchire ses lois. Etait-ce trahison ou ineptie ? Les deux sans doute. L'Assemblée espérait le pouvoir et voulait en vivre.

L'élection présidentielle fut fixée au 10 décembre 1848. La bande bonapartiste parcourut la France pour recruter des partisans, clamant sur tous les tons : Napoléon, Gloire, Victoire, etc., mots résumant tant de crimes et de désastres, paraît-il, alors oubliés. Ses courtiers firent l'apothéose de l'époque impériale, et présentèrent le futur parjure, le futur bourreau de Décembre, le futur traître de Sedan, comme l'apôtre de la démocratie, comme le héros prédestiné à ressusciter la grandeur nationale.

Par haine de ses dompteurs du jour, et par espérance inconsciente du mieux, armée du droit de suffrage, la population ouvrière se vengea, en poussant du pied le général Cavaignac, le héros sauveur de Juin, chef du pouvoir exécutif ; et dédaignant la recherche de noms honnêtes, préférant comme par le passé le bruit au calme, l'inconnu au prévu, elle vota pour M. Louis Bonaparte, le héros des Romagnes, de Strasbourg, de Boulogne, de Ham, etc., député à la Constituante. Elle l'acclama par 5,434,000 suffrages.

Electeurs du 10 décembre 1848, c'est vous qui l'avez choisi.

Il est des postulants, aux titres sonores, qu'ils tiennent d'un hasard de naissance mais non du bien accompli, et qui s'offrent toute leur vie pour émarger au budget, et faire le bonheur de la France. Si l'on ne conçoit pas le bonheur comme ils le comprennent, on peut néanmoins les considérer comme respectables. Mais celui-ci ! ayant roulé d'expédients en aventures, dans des sentiers qu'on ne peut se risquer à explorer, pourquoi l'avez-vous ramassé sans savoir ce que vous touchiez ? Vous aviez besoin d'émotions, le nom de Napoléon vous en promettait ? Eh bien, il vous en a donné. Aux jours de vote, rappelez-vous le président Louis Bonaparte, son entourage et ses œuvres. Rappelez-vous l'empereur Napoléon III, ses amis, ses serviteurs, ses guerriers, et puissiez-vous être convaincus qu'il vous faut, avant tout, chercher autour de vous des mandataires ayant développé leurs aptitudes par l'étude et le travail, et élevé leur caractère dans une vie privée, modeste et honorable.

L'élu jura solennellement le maintien de la forme républicaine et de la Constitution, puis se mit immédiatement en mesure de réserver à son serment le sort ordinaire à ces sortes de formules.

En 1849, l'Assemblée législative entra en fonction. Ouvriers de 1849, vous l'aviez composée de tous les exploiteurs connus au milieu desquels se trouvaient perdus quelques démocrates.

Deux pouvoirs ennemis convoitant tous deux la richesse publique se trouvaient dès lors en présence. D'un côté les ambitieux et les avides composant la majorité de la Chambre ; de l'autre des souteneurs aux regards vitreux compagnons du président. Celui-ci n'ayant que des dettes devant lesquelles son traitement de président n'était qu'une misère était fort embarrassé pour nourrir sa troupe. En attendant qu'il pût avec son concours mettre la main sur les caisses publiques, il loua une partie de l'armée française à la réaction étrangère pour servir à la destruction de la République romaine et rétablir le pouvoir temporel du pape contre lequel il avait organisé et dirigé une insurrection en 1831 ; il promit de le soutenir indéfiniment, ce qui lui procura quelques fonds permettant de parer au plus pressé, et lui assura le concours du clergé catholique. Ensuite, agissant à l'intérieur, il raccola des officiers généraux, viveurs aux abois, méprisables par leurs mœurs, disposés à ne reculer devant aucune infamie payée et envoya en Algérie ou aux frontières les régiments qu'ils lui désignèrent comme suspects de républicanisme. A Angers, par suite de la rupture d'un pont, tout un bataillon fut noyé, écrasé, etc., ceci ne put se renouveler, les troupes en marche se mirent sur leurs gardes ; mais il se prépara comme il pût et par tous les moyens à saisir la dictature cachant soigneusement une vie d'orgie menée à huis clos.

COUP D'ÉTAT DE 1851

En mai 1850, l'Assemblée législative crut faciliter la restauration de la monarchie en restreignant les votes du prolétariat. Une résidence effective de trois années dans le même canton fut décrétée nécessaire à l'obtention du titre d'électeur : cette mesure en supprima trois millions. Le président comprit que ce décret antidémocratique pouvait servir à son avènement dictatorial. Il continua activement les remaniements militaires et administratifs, destinés à lui assurer le concours de toutes les corruptions.

Les régiments bien pensants furent casernés à Paris et dans les environs. On les réunit un jour à Satory, de sinistre mémoire, et après qu'on leur eut fait absorber et perdre des monceaux de victuailles, il les passa en revue, puis le festin recommença ; les hommes s'enivrèrent à ne plus tenir debout, et le président, circulant entre les tables dressées pour la circonstance, leur distribuait des poignées de main, réclamait leur concours éventuel, et promettait de renouveler souvent ce genre de fêtes.

En novembre 1851, il demanda au Corps législatif le rétablissement du suffrage universel sur ses bases primitives. L'Assemblée n'était pas disposée à perdre le bénéfice de son décret de restriction, duquel elle attendait les meilleurs effets. Elle acheva de s'aliéner les ouvriers par un refus ; tandis que Louis Bonaparte, par sa proposition, obtenait le regain de popularité qu'il cherchait, pour tenter un coup d'Etat devant réunir entre ses mains tous les pouvoirs.

Par ses ordres, pendant la nuit du 1er au 2 décembre suivant, les principaux députés ne faisant pas partie de sa bande furent arrêtés à leur domicile et emprisonnés.

Pour donner des arrhes à ses complices et faire face aux éventualités, il fit forcer les caisses de la Banque de France par ses acolytes; 25 millions furent enlevés. Un décret affiché immédiatement à Paris, et dans les départements, par ses préfets prêts à agir, déclara l'Assemblée dissoute et le suffrage universel rétabli. (Il se savait en mesure de le diriger.) Il proposa en outre les bases d'une nouvelle Constitution, et annonça qu'il prenait la dictature jusqu'à la promulgation de cet acte, qu'il se réservait de rédiger à son gré.

Sachant que la France avait besoin d'être terrorisée pour subir un maître, il fit sans autre motif charger la foule sur les boulevards et dans les rues de Paris. Hommes, femmes, enfants tombèrent sous les balles où sous le sabre de soldats gorgés d'eau-de-vie. Devant ce brigandage, la population parisienne, décapitée aux journées de juin 1848, resta impassible. On rentra chez soi pour ne pas se trouver sur le passage des assassins, et tout fut dit. L'égoïsme et la peur avaient tout abaissé. Cette lutte entre deux pouvoirs intrigants, également détestés, n'intéressait pas, disait-on ; on affectait d'ignorer les meurtres accomplis. Quelques citoyens indignés, joints à des députés échappés aux traqueurs, tentèrent de défendre les lois violées, voulurent venger les victimes, essayer quelques barricades, ils furent vite tués ou pris.

En province la chasse aux républicains était ouverte par les préfets aidés de gendarmes et de quelques troupes, auxquelles se mêlèrent des amateurs, les fuyards tirés à la course mouraient sur le sol, d'autres furent saisis la nuit, arrachés de leur domicile, emprisonnés et déportés ou fusillés sans jugement. Des commissions mixtes, composées de magistrats et d'honorables bonapartistes, présidaient à ces mesures. La France était encore une fois sauvée.

Deux mois après la constitution de Louis Bonaparte fut publiée. Elle l'établissait président pour dix ans, gouvernant avec des ministres dépendant de lui seul. Une Chambre, nommée par le suffrage universel, était autorisée à voter les lois et l'impôt convenant au chef de l'Etat. Un Sénat composé d'hommes illustres choisis par lui, bon juge en cette matière, devait veiller à l'interprétation de l'acte constitutionnel et à son développement. Soumise à un plébiscite, elle fut acceptée par sept millions et demi de suffrages contre six cent quarante mille ; mais avant de la mettre en vigueur, le glorieux dictateur termina l'épuration des fonctionnaires de toutes sortes. Quand ce travail fut achevé, qu'il n'en resta plus un seul capable d'indépendance, son Sénat s'aperçut que la nation désirait un Empereur et le supplia d'accepter ce titre, ce à quoi il consentit dans l'intérêt du pays qui l'exigeait, dit-il. Un sénatus-consulte, rédigé dans ce sens, fut présenté à un plébiscite, qui, le 22 novembre 1852, l'approuva par près de huit millions de suffrages contre deux cent cinquante-quatre mille. C'en était fait des espérances de liberté. Electeurs de 1852, vous n'en vouliez plus !

LE SECOND EMPIRE.

Le nouveau monarque se fit appeler Napoléon III. La terre n'avait pas encore bu le sang versé pour la réussite du coup d'Etat, quand le peuple, plongé dans une boue sanglante, fit retentir un immense cri d'allégresse, et d'interminables fêtes apprirent à l'Europe, que la France enthousiaste, se prosternant devant un nouveau sauveur, venait de lui décerner par huit millions de suffrages un manteau impérial, destiné à couvrir son passé et celui de ses aides, à voiler les visages en pleurs des familles martyrisées, à étouffer les plaintes des patriotes Français expirant au loin sous les coups des argousins, et sous les atteintes d'un climat meurtrier. Ouvriers de 1852, voilà votre œuvre !

Ce fut alors une belle époque, on organisa une cour, on créa des princes du sang, des ducs, des maréchaux, une noblesse. Tous les gens sans moyens de vivre, fuyant le travail, et possédant à leur actif une violence liberticide, furent rentés aux frais du pays dans toutes les places qu'on put inventer ; et furent organisés en basse et haute police avouée ou occulte. Sur trois citoyens on comptait un délateur primé à chaque rapport, on se taisait même chez soi. Les électeurs reçurent à chaque période électorale les noms des députés intègres qu'ils devaient choisir, qu'ils s'empressaient de nommer ; et dont les travaux parlementaires se faisaient à huis clos sous l'œil et le doigt des plus dévoués, c'est-à-dire des plus payés, Les fêtes officielles et particulières entretinrent une joie charmante, le faste, les fêtes du ventre, le luxe sans frein, les toilettes renversantes, tenaient la misère cachée et entraînée dans leur tourbillon ; si elle émergeait un instant de ce tohu bohu on l'y replongeait à coups de fusil. Les ouvriers agricoles se lancèrent dans l'industrie, affluèrent dans les villes pour prendre de plus près part aux réjouissances. Paris et la cour furent convertis en un immense lupanar pour les besoins de l'étranger, souverains et sujets, accourus de toute part. La province se modela sur Paris. On organisa de temps à autre des attentats et des émeutes, avec bombes et appareils complets, pour avoir occasion de saisir les honnêtes gens indignés qui élevaient la voix.

Avec le sang des jeunes libéraux pouvant réagir, on se procura de la gloire en Crimée, en Italie. Pour consolider le bonheur général on refondit avantageusement les monnaies. On fabriqua des billets de Banque. On emprunta des milliards. On mit des impôts sur tout objet ayant un nom permettant de le cataloguer. On fit vérifier les titres de noblesse, on vendit l'autorisation de les porter avec la manière de s'en servir. On recueillit le prix des exonérations militaires sans remplacer les exonérés. On convertit les rentes d'Etat pour encaisser des soultes. On doubla, on tripla les coupes d'usage des forêts domaniales. On vendit les armes, le matériel des arsenaux comme hors d'usage. On vendit à l'étranger des traités de commerce le favorisant. On patronna moyennant participation toutes les entreprises financières, destinées à débarrasser le travail de ses épargnes. Enfin on ne peut tout énumérer. Comme les affaires marchaient ! Comme on était heureux ! Comme l'intelligence s'élevait sous l'influence de journaux *rigolos*, et de romans à un sou.

Pourquoi cette belle organisation gouvernementale, n'ayant plus rien à vendre, plus rien pour en trafiquer, plus de crédit, plus de ressources, pas même d'honneur à offrir en garantie, dut-elle procéder à main armée au pillage de l'étranger, en Chine et au Mexique ? Pourquoi fut-elle forcée en dernier lieu de chercher une querelle allemande dans l'espérance de rapiner quelques milliards aux populations voisines, en attendant d'autres expédients à l'étude. Ce fut hélas la fin de cette brillante épopée, mais avant de procéder à ce dernier exercice, Napoléon III, sachant qu'il allait risquer une forte partie, éprouva le besoin d'y associer la population, il crut utile de jouer pendant quelques mois une parade libérale avec l'aide de renégats républicains. C'était vraiment superflu, la France ne songeait guère à la liberté ; et lorsqu'il lui demanda des garanties pour la durée de sa dynastie, accompagnées d'un vote de confiance, elle le lui fit bien voir. On plébiscita, la machine du suffrage universel l'approuva par sept millions trois cent mille suffrages contre un million cinq cent mille opposants. Ouvriers de 1870, voilà vos titres !

Le résultat de ce vote ne se fit pas attendre, du reste, l'illustre chef que vous veniez d'acclamer à nouveau devait se hâter de tenter une aventure, les caisses étaient à sec, la débandade des soutiens de l'empire était imminente. Autorisé par vos suffrages, sans argent, avec des arsenaux vides, une armée désorganisée, inférieure des deux tiers aux chiffres officiels ; des maréchaux, des généraux, ayant pour la plupart conquis leurs grades sur des canapés, sans alliés, et devant l'Europe écœurée regardant comment allait finir la France, il visa la Prusse formidablement préparée, soutenue par les Etats allemands ; et sans motif intéressant l'honneur ou la fortune nationale, lui déclara la guerre. Il prit lui-même le commandement des troupes !

Quelques semaines après, à la suite d'une série de désastres qu'aucune victoire ne vint relever, que notre histoire n'avait jamais connue ; débordée, vaincue, puis livrée à Sedan par votre élu se constituant prisonnier et demandant grâce, l'armée française était emmenée captive en Prusse. L'Allemagne victorieuse était en marche vers Paris, débordant sur la France désarmée. Metz isolée dans les mains du Bazaine pilleur du Mexique, Strasbourg assiégée, ne pouvaient plus être secourues.

RÉVOLUTION DE 1870 (TROISIÈME RÉPUBLIQUE.)

Le résultat de la journée de Sedan fut un coup de foudre au milieu du clapier impérial, tout s'effondra, pas un des illustres personnages suçant la moelle du pays depuis dix-huit ans, et devant lesquels rampaient les électeurs n'essaya de faire face à la situation ; ils s'enfuirent, et du jour au lendemain, sans savoir comment, la France se réveilla transformée en République par un groupe de quelques hommes, où se rencontrèrent deux ou trois personnalités énergiques sachant suffisamment que, les suffrages du peuple ayant jusque-là appartenu à tous les consultants, il était inutile de les demander, et se passèrent de son assentiment. Des membres de ce groupe s'employèrent d'abord à recueillir les débris de la fête interrompue, et s'installant dans les monuments publics, répartirent ces débris entre eux et leurs amis expédiés partout, pour remplacer les fonctionnaires ayant fui, par crainte de la justice du peuple.

Pour faire justice, il faut de l'énergie; depuis longtemps la nation ignorait cette vertu.

Les nouveaux dirigeants invitèrent le pays à se lever prêt à verser tout son sang pour défendre le sol de la patrie et son gouvernement, se réservant de constater la situation, d'ouvrir les emprunts indispensables aux besoins de la lutte, de centraliser toutes les propositions énergiques, et de rédiger les proclamations; le tout en se tenant à l'abri, afin de ne pas compromettre en leurs personnes l'ensemble de la défense. Le pays fut étonné, les rôles que se réservaient ses gouvernants, ne lui inspiraient aucun enthousiasme, et dix-huit ans d'empire ne l'avaient pas préparé à l'héroïsme. Le courage manquait autant que les armes, mais bientôt les âmes s'élevèrent; les combattants se réunirent. Des hommes de cœur luttèrent, se sacrifièrent; mais sans direction, disséminés, mal armés ils ne purent vaincre; et malgré leur énergie, l'étranger ne put être repoussé.

Metz restée dans les doigts crochus de Bazaine dut capituler, l'armée héroïque campée devant ses murs fut livrée à la honte et à la captivité par ce dignitaire impérial copiant son maître. Strasbourg sans ressources succomba sous le nombre. L'ennemi couvrit la moitié de la France, et y imposa ses colères et ses volontés. La générosité de Garibaldi et des patriotes italiens, versant leur sang pour nous, fut inutile. L'armée de la Loire, conduite par des hommes divisés, se démembra dans ses premiers efforts. Les tertres funèbres prirent la place des épis dans nos champs dévastés. Paris annihilé par des chefs incapables, bombardé, mourant de faim, laissa ouvrir ses portes après quatre mois de siège. Et pourtant espérant en

l'avenir voilé par ses larmes, ou voulant au moins de glo-
rieuses funérailles à sa puissance perdue, la France combat-
tait toujours !

Conservés sains et saufs dans Paris, ceux qui dirigeaient depuis le 4 septembre, étaient là sans mandat, toujours groupés, toujours dirigeant; et bien décidés à diriger encore. Ils
négocièrent, et obtinrent un armistice pouvant permettre au
pays de traiter avec l'Allemagne victorieuse. Ils durent faire
appel à la nation, pour réunir des délégués devant décider la
continuation de la guerre, ou la conclusion de la paix; le
vainqueur l'exigeait, ne voulant pas traiter avec eux seuls.
On vota, et voici, ouvriers de 1871, l'emploi que vous avez fait
du suffrage universel.

Vous avez envoyé à l'Assemblée dite de Bordeaux, presque
tous les comparses des fêtes impériales qui s'offrirent à vous.
Ils se réunirent, déclarèrent la lutte impossible, et acceptè-
rent délibérément toutes les hontes, toutes les mutilations
imposées par l'envahisseur. S'il était impossible de continuer
la guerre, n'était-il possible de n'obtenir la paix qu'à des conditions inoubliables? En détournant nos regards de l'Alsace et
de la Lorraine sanglotant sur des tombes, tendant les bras
vers nous, Patrie française, ces hommes peuvent-ils encore
se dire tes fils?

Ces délégués qui n'avaient su obtenir des traitants étrangers aucune concession, avaient été désignés pour un seul
but: traiter de la guerre ou de la paix. Leur mission était terminée et de plus si quelque sentiment élevé eût existé en eux,
ils auraient cherché la retraite pour y cacher la honte que leur
incapacité méritait. Mais bien au contraire, ayant momentanément la disposition de ce qui restait des forces de la France,
ils s'imposèrent comme Assemblée législative, sous la direction d'un des leurs, ancien sauveur, homme propre à tout
sauf au bien, âme vénale, cœur de tigre, ayant débuté sous
la monarchie de Juillet en faisant massacrer les républicains
et leurs familles, et n'ayant depuis laissé échapper aucune occasion d'agir de même. Tout ce monde dérangé par la guerre
éprouvait le besoin de reprendre le maniement des finances et

des titres; mais pour procéder tranquillement, il fallait un chef participant installé d'une façon durable. Les nouveaux législateurs s'occupèrent de trouver au plus tôt un roi quelconque, tâche semblant facile au premier abord; les membres des trois anciennes familles souveraines, offrant leurs personnes et leur dévouement, moyennant une honorable indemnité. On s'occupa de désarmer les populations afin de provoquer quelques émeutes, permettant de se débarrasser des plus ardents républicains.

Voyant que tout allait recommencer comme autrefois, le peuple fut pris d'un immense dégoût. La population ouvrière de Paris, interprète de la France relevée par les malheurs subis, chassa tous ces trafiquants d'honneur et de liberté, qui, voulant une émeute, eurent une révolution; et nomma pour elle un gouvernement provisoire communal, espérant que le pays suivrait son exemple (18 mars 1871).

Bien placés pour grouper promptement tout ce qui avait vécu dans les bas-fonds de l'empire, chefs tarés enfouis sous la réprobation, policiers à tout faire, soldats vicieux ou sans cerveau, les hommes d'État qui avaient saisi le pouvoir, se réunirent à Versailles avec cet entourage et en formèrent le noyau de l'armée à opposer à la commune de Paris. Ils pouvaient payer, leur personnel tenait partout les caisses publiques et en mettait le contenu à leur service. Pourtant, hésitant devant l'attitude des départements, devant le sentiment répulsif qu'ils provoquaient, et redoutant les conséquences possibles d'une défaite, ils n'osèrent tout d'abord commencer les hostilités, ils comprirent que pour obtenir la neutralité de la France du travail qui les méprisait, ils devaient donner le change à l'opinion, déconsidérer le mouvement communal, calomnier ses auteurs, travestir leurs actes; en un mot les faire considérer comme plus à craindre qu'eux. Tous les agents provocateurs, les libérés de bagne que les tripots souillant le pays purent fournir, furent mis en réquisition, èt avec de brillantes promesses dirigées sur les grandes villes et sur Paris, pour y semer l'alarme, par leurs excitations au meurtre et au pillage. Ils y trouvèrent une lie misérable, qui fit chorus avec eux. Les journaux de l'ordre versaillais, expédiés partout, présentaient les cris furieux de ces bandits comme l'expression de la pensée des réformateurs.

Le pays, d'abord favorable à la Commune, fut effrayé et s'abstint, tandis que les hommes de cœur faisant partie des comités communaux, luttaient à l'intérieur contre les désordres, préparés par les immondes agents jetés dans Paris. Le moment propice était arrivé, pour les délégués de l'Assemblée de Bordeaux, groupés à Versailles autour des fonds publics dont ils vivaient. Ils refusèrent toutes les propositions pacifiques présentées par la Commune, et moyennant de nouvelles concessions, leur chef obtint de l'Allemagne la permission de bombarder et de brûler Paris.

L'armée de M. Thiers défila courbée sous les regards ironiques des Prussiens, accoudés sur les parapets de nos forteresses. L'œuvre s'accomplit. Les agents versaillais facilitèrent l'entrée de cette armée de l'*ordre*, qui parcourut les rues et envahit les maisons qu'il lui plut de saccager. Comme en 1848, comme toujours, lorsque les gouvernements rétablissent l'*ordre*, des soldats ivres, enfants du peuple, élevés par lui, électeurs aujourd'hui éventrèrent des familles sur le cadavre du père, jetèrent les blessés par les fenêtres pour les achever ensuite. Vous savez le reste, les morts stoïques. Les fusillades sans jugement, sans distinction de sexe ni d'âge. Combien de malheureuses femmes payèrent ainsi leur résistance à l'outrage! Vous avez pu voir, des prisonniers massés devant des fosses creusées par eux, sous les coups de crosse, tomber mitraillés jusqu'à la chute du dernier, les fusillades juridiques de victimes de tribunaux, composés de soldats trop fatigués, pour continuer eux-mêmes le massacre; puis les condamnations et déportations de tout ce qui semblait capable de se lever un jour contre les massacreurs. Cela dura cinq ans, avec le concours civil d'une commission des grâces, ratifiant tous les arrêts de mort, frappant les vaincus populaires, tandis que d'illustres amis graciaient M. le maréchal Bazaine, condamné à mort en vertu des lois, pour avoir vendu Metz, son armée, ses drapeaux, son matériel, et par contre-coup vendu la France, et souriaient à son évasion qui fit pâlir de honte et de mépris, le peuple indigné.

Comme précédemment dans les événements de même nature combien en vit-on, éperdus, dénoncer à des vainqueurs à faces congestionnées par l'alcool, les parents, les amis, les camarades d'atelier, et saluer la face contre terre, les brutes, désignant capricieusement les prisonniers à fusiller sur place; pendant que les autres râlaient d'angoisse en attendant leur tour? Combien frémissent encore, au souvenir d'éxécutions concertées froidement après la lutte. C'est ainsi que M. Thiers ses amis et les principaux soldats de l'empire autorisés par les Prussiens sauvèrent encore une fois la France.

Résumons les résultats : Les hommes placés à la tête du mouvement communal, et les ouvriers instruits, seuls à même de soutenir la République furent après la lutte impitoyablement tués, ou déportés dans un bagne transatlantique, laissant le champ libre. Les incendies des Tuileries, de l'Hôtel-de-Ville, de la Cour des comptes, du Ministère des finances, du Conseil d'Etat, de la Légion d'honneur, des Magasins généraux, etc., anéantirent les documents devant mettre à jour la comptabilité véreuse, les vols et les trahisons, dont on accusait les bonapartistes. Ils anéantirent aussi les offres de soumission à Napoléon III moyennant finances, titres ou places, dont on accusait les austères chefs politiques de tous les partis existant à cette époque et firent disparaître les renseignements concernant la défense nationale de 1870 à 1871. Qui a profité des incendies? A qui sont-ils venus en aide? Quels en sont les instigateurs? L'avenir fera-t-il la lumière.

Les ouvriers courageux, capables de soutenir leurs droits les armes à la main, sont généralement des penseurs qui édifient, et non des incendiaires qui détruisent. Ils réfléchissent aux améliorations politiques, indispensables à l'obtention du bien-être pour tous, et non pour eux seuls, ils réfléchissent, aussi et surtout, aux meilleurs moyens de l'obtenir par le travail. C'est à eux, que tous les temps ont dû les progrès agricoles et industriels. Ce sont eux, qui avaient enrichi la France malgré les dilapidations. En 1848, en 1851, en 1871, la mort ou la déportation les saisit au passage, [par milliers. Qui les a remplacés? Ce ne fut pas tout, après la défaite de la Commune, chaque travailleur ne pouvant cacher son indignation eut à trembler pour lui et les siens pendant les cinq ans que durèrent les exécutions. Des milliers d'entre eux, qui n'avaient pu prendre part aux événements, se virent menacés, et cherchèrent un asile chez les nations voisines; l'industrie étrangère put alors s'assimiler nos procédés, et fut bientôt à même de faire aux produits français la concurrence qui les écrase aujourd'hui. Notre décadence commerciale constatée officiellement, et s'accentuant tous les jours en est la conséquence. Actuellement le manque de débouchés produit l'arrêt de la fabrication, et ne laisse aux capitaux, par suite sans emploi, que les agiotages misérables et stériles des boursiers.

Gens riches, ne confondez pas les ouvriers qui font vivre la France avec ceux que vous groupez, dont la plupart, pauvres êtres sans intelligence, sont des manœuvres d'atelier, vivant des autres, ou des hypocrites qui tout en se courbant vous portent une haine ardente, en retour du soutien ou des aumônes, auxquels leur dégoût du travail les soumet. Ces derniers, soulèvent les colères pour les jours de révolte, et se placent sous votre protection pendant qu'on fusille.

Gens riches, réfléchissez avant d'applaudir aux fusillades et aux déportations; et vous comprendrez, peut-être, que la suppression des intelligences du travail, et la diminution du nombre des ouvriers, laisse vos terres, vos maisons sans valeur, vous forcent à acheter les produits à l'étranger, et, par conséquent à y envoyer votre argent, que vous ne reverrez plus, n'ayant rien à échanger pour le faire revenir, qu'enfin, la diminution du nombre des ouvriers se traduit par l'affaissement de votre bourse, que l'or ne peut vous être utile que par le travail national qu'il sert à payer; et alors, pour votre profit comme pour le leur, vous laisserez les travailleurs faire justice, en balayant les gouvernants fainéants ou prévaricateurs, et vous applaudirez à leur succès.

Si des théories, vous semblant d'abord inacceptables, sont

à l'étude parmi les ouvriers, mêlez-vous à ces études, vous les trouverez généralement non seulement inoffensives, mais fructueuses.

Les événements de la Commune avaient supendu les pourparlers de la traite monarchique. Les divers partis en ayant profité pour équilibrer leurs chances, trois compétiteurs se trouvèrent en présence, soutenus chacun, par un des trois groupes aux consciences égarées, divisant l'Assemblée usurpatrice, prêts à se liguer à deux pour empêcher l'autre de réussir.

Le groupe de Juillet ne perdit pas la tête, et jugeant la situation momentanément difficile, se fit attribuer 40 millions ; sous prétexte qu'en 1848, sa fuite avait été trop rapide pour qu'il pût les emporter ; puis les mit en sûreté en attendant mieux. La Chambre pleine d'admiration les ayant votés, c'était le moment du reste. Sous l'œil des conseils de guerre, le peuple était étendu à terre, bâillonné, râlant, garrotté, et on retournait ses poches pour payer un premier acompte aux Prussiens, et aux fournisseurs de la Défense nationale. Un peu plus... Un peu moins... Vous comprenez ? M. Thiers libérait le territoire.

Le groupe de 1815 brandissait énergiquement un candidat endormi à l'étranger depuis 1830. Celui-ci, mal éveillé, à peine couvert d'un drapeau blanc et un lis à la main, voyant sourire autour de lui, hocha la tête, échappa à ses exhibiteurs consternés et se retira mélancoliquement.

Forçant un enfant à mendier pour lui, le groupe du 2 décembre 1851, drapé dans les plis du drapeau de Sedan et dans les loques sanguinolentes de l'Empire, encore ivre de ses dernières orgies souleva une nausée générale.

La République est la forme autoritaire qui nous divise le moins, s'écria un de ces braves gens. Organisons légalement une honnête exploitation à trois, sous la forme d'une république phtisique. Trait de génie ! L'accord était fait. Par un semblant de vote, concerté à l'avance pour établir une majorité équivoque d'une voix, cette forme de gouvernement, fœtus du 4 septembre, fut tolérée encore.

Si vos députés de 1871 ont ironiquement simulé la constitution d'une république à la majorité dérisoire d'une voix, c'est qu'ils avaient besoin de temps pour se préparer à se trahir mutuellement. S'ils ne l'ont pas étouffée à son berceau, en écrasant un plus grand nombre de républicains, au moyen de quelques émeutes intelligentes, c'est qu'ils avaient besoin de leurs efforts, de leur travail, pour payer à l'étranger ses complaisances pour l'armée de Versailles, pour payer les dettes de l'empire, pour remplir à nouveau les caisses publiques forcées et vides. Mais ils ont créé une Chambre sénatoriale étrangère à vos votes, ayant le droit d'annuler les décisions des députés, que vous pourriez élire par la suite. Ils ont créé un pouvoir exécutif présidentiel, d'une durée de sept ans, ayant le droit de chasser vos représentants futurs s'ils étaient insoumis à leurs ordres. Ces garanties prises, ils pouvaient sans danger vous permettre, à nouveau, l'exercice du suffrage universel.

Qu'ajouter ? Irréfléchis, comme toujours; comme toujours sans cohésion, sans réunions vous permettant de vous concerter, vous avez en 1876, encore une fois élu une majorité de députés, qui partirent vous représenter sans mandat déterminé; car par votre isolement, vous étiez et êtes encore, incapables de préciser ce que vous voulez. Ces députés, ne sachant que faire, se sont mis à rêver aux moyens de combiner le néant avec le vide; et un jour qu'ils sommeillaient à demi sur leurs sièges, un coup de balai les réveilla et les repoussa pêle-mêle jusqu'à vous, le manche en était tenu par le Sénat, jugeant le moment venu de vous faire crier: Vive le Roi!

CONSPIRATION DE 1877

Un président soldat, installé et manœuvré par les royalistes, fut choisi pour endosser la responsabilité d'un coup d'État. Vous rappelez-vous les suites du 16 mai 1877 ? Bien peu n'est-ce pas? Et pourtant les hommes habitués à traîner leurs bottes dans le sang français ; habitués à regarder leurs épaulettes, comme des contremarques destinées à classer les porteurs les jours de paye, étaient à leur poste dans toutes les villes. La nuit choisie pour l'étranglement des dernières libertés, pour les fusillades salutaires, était fixée. Les précautions étaient prises. La loi devait être partout à la fois, violée dans le sang de ses défenseurs. La monarchie allait être restaurée avec ses conséquences. Vous ne dûtes le salut qu'à la défection subite de vendus apeurés devant l'indignation généreuse, et le courageux refus d'obéissance de quelques hommes de cœur aimant mieux risquer d'être fusillés que d'agir en bandits. Les chefs, croyant l'ensemble du résultat compromis, crurent devoir remettre à plus tard. Ce fut une erreur, vous ne vous seriez pas défendus, votre isolement vous livrait et vous livre encore à tous les coups de force, où l'intelligence sera unie à la férocité. Heureusement pour vous, le premier de ces éléments manquait aux illustres soldats et aux hommes d'État cáchés derrière.

Alors recommença la comédie électorale. La majorité dont vous veniez de constater l'impuissance et le manque de prévision, fut ramassée encore étourdie de sa chute, remise debout, entassée tant bien que mal, et de nouveau réélue par vous, puérilement, à titre de représailles.

A quoi bon ? Vous saviez pourtant que presque tous les députés qui la composaient, n'avaient que le mérite de s'être laissé jouer.

Vous connaissez la suite ? Réunie devant les conspirateurs rassurés, accourus pour la narguer encore, elle les déclara dignes de blâme, ce qui les fit se tordre de rire : Puis stupéfaite de son audace, craignant d'être allée trop loin, elle reprit avec eux les relations soumises d'autrefois.

Elle recommença à voter des projets, que le Sénat recommença à mettre religieusement au rebut. Voici quatre ans que ce manège continue, qu'on défait le lendemain le semblant de travail, le château de cartes, fait la veille, pour recommencer encore.

A genoux devant la Constitution sous laquelle meurent vos

libertés, vos députés en firent leur Evangile et n'osèrent en voter la revision. Augmentant chaque année le chiffre budgétaire, ils ont fait imprimer des volumes chiffrés, pour prouver qu'ils avaient réduit l'impôt de plusieurs centaines de millions, et sans doute afin que la prospérité nationale s'accroisse encore, ils ont fait en 1880 un emprunt de un milliard, qu'ils se sont préparés à faire suivre de plusieurs autres, pour créer, disent-ils, des routes, des canaux, des chemins de fer, et faciliter ainsi la circulation des produits. Les produits ! mais nous les consommons sur place, bientôt ils nous manqueront, ainsi que l'argent pour en faire venir du dehors. Et vous ne protestez pas ? Sommes-nous donc aveugles incurables, décidément ? Vous n'avez rien à gagner, vous, aux expropriations projetées, ni rien à attendre de la reconnaissance des constructeurs favorisés. Des routes ? Des canaux ? Des chemins de fer ? Est-ce cela qui nous manque ? Que ne votent-ils des bottes à un cul-de-jatte pour le faire marcher, et l'enrichir par ses gains à la course. S'il en est qui croient à l'efficacité de pareils moyens, les habiles qui les manœuvrent doivent bien rire.

Ce qui nous manque, ce sont les hommes occupés ou mourant pour les machinations gouvernementales, ce sont leurs bras pour féconder le sol, qui nous rendra des ceréales, du vin, du bétail, des laines, etc... Ce sont des écoles professionnelles, où la science pratique développera les aptitudes ouvrières, qui accroîtront et perfectionneront nos produits de toute nature, et formeront les intelligences qui remettront dans le droit chemin ceux qui s'en écarteront.

Le mandat de vos députés était près d'expirer. Un ministère sous le prétexte inacceptable de châtier quelques pillards sur nos frontières algériennes venait de désorganiser l'armée et de s'emparer de la Tunisie, nous attirant ainsi l'inimitié de l'Italie et de l'Angleterre dont à moins de compensations exorbitantes, antipatriotiques, les noms paraissent devoir s'ajouter à la liste de ceux de nos ennemis. Au lieu de rester à leur poste à surveiller les événements, et de réserver les droits de leurs successeurs qu'ont fait ces députés? Ils ont en fermant les yeux, donné un blanc-seing au gouvernement, et sont partis se donnant des vacances de trois mois. Pendant qu'ils se divertissaient, grâce à une méthode ministérielle inconnue ailleurs, la guerre suivit le traité de paix, et nos jeunes soldats, sans eau, sans pain, sans préservatifs d'aucune sorte, jetés brusquement sous un climat meurtrier pour eux, étaient décimés par la maladie et mouraient désespérés, sans ambulances, sans remèdes sans médecins. Pendant qu'ils se divertissaient, les encouragements et l'aide occulte de plusieurs gouvernements lésés, ont amené les tribus remuantes du sud de l'Algérie à se concerter avec les Tunisiens spoliés; et les suites nous mettent en face d'une guerre africaine permanente, qui va éloigner de France et occuper pendant plusieurs années le quart au moins de notre effectif militaire, qui va nous forcer à disséminer des forces que le patriotisme commandait de concentrer, de réserver, pour les circonstances graves qui s'imposeront un jour, que tout Français doit prévoir et auxquels tous doivent se préparer. La Prusse est-elle décidée à échanger l'Alsace et la Lorraine contre cette nouvelle colonie ?

Hésitant, inquiet devant des attitudes grosses de menaces imprévues, le gouvernement parut vouloir donner aux appréciations populaires le moyen de se manifester. Avançant de six semaines la date des élections générales, il y fit procéder sans délai. Eh bien, vous êtes-vous occupés de cette question? Allons donc! Non, certes, ni des autres du reste. Vous avez oublié la guerre si malheureusement commencée. Pourquoi n'avez-vous pas imposé à vos députés le devoir de la faire cesser? Allons-nous donc nous mettre aussi à voler les territoires, à écraser les faibles? L'histoire vous dit ce que nous y avons gagné, le résultat ne se fera pas attendre longtemps. Plusieurs de nos voisins avaient intérêt à nouer des alliances pour nous abaisser et nous démembrer encore. N'entendez-vous pas au-dessus de la France les bruits d'ailes des vautours et des corbeaux ?

Qu'on ne vienne pas nous objecter l'honneur engagé. Laissons aux criminels intrigants cette vaine formule. L'honneur d'une nation n'est pas engagée lorsque des gouvernants ont entrepris une guerre sans la consulter. Il n'y a d'engagé que l'honneur et la responsabilité de ces derniers. Une nation ne peut vivre honorée et paisible qu'en pratiquant la justice. Ses forces ne doivent servir qu'à la faire respecter. Toute entreprise conquérante sert à couvrir des concussions gouvernementales; et si nos fils, nos frères, nos amis étaient engagés dans une guerre sans but justifiable, l'honneur ne consistait pas à les pousser en avant il exigeait leur rappel.

Ne pouvions-nous nous ouvrir ce pays pacifiquement, commercialement? Si, certes, et avec moins de frais. Le résultat eût été plus sûr et surtout plus prompt, et par-dessus tout plus juste. Si nous voulons coloniser, colonisons d'abord la France. Rappelons-nous qu'il y existe encore des terrains en friches, que l'agriculture y languit, que l'argent et les hommes donnés à la guerre pourraient améliorer la terre; qu'il vaudrait mieux astreindre nos jeunes gens à la travailler, qu'à la couvrir de sang; et que pour notre sécurité, le grenier de la France, doit être la France et non l'Afrique.

Vous avez réélu vos mêmes députés, et la jeunesse française continuera à être envoyée aux aventures, à mourir misérablement en détruisant des populations sacrifiées à des appétits qu'on ne peut avouer. Vous payerez ce crime avec de cruelles larmes, et le sang de plusieurs générations.

Vous avez réélu vos mêmes députés, en vous contentant comme toujours, de promesses vagues de réformes dont on n'a pas étudié les moyens d'exécution; et mises en avant par eux, sans conviction, pour ne pas rester muets devant vous. Qu'est-ce que cette revision de la Constitution que vous attendez? Le savez-vous? Le savent-ils eux-mêmes? Comme toujours, on vous tiendra en suspens par des expédients, et vous allez voir se succéder quatre années de législature, sans aucune amélioration. Puissent-elles ne pas vous rendre plus misérables.

Le passé et le présent autorisent les plus sinistres appréhensions.

Vous vous dites un peuple souverain, un peuple maître. En

vous voyant à l'œuvre une pareille prétention inspire la pitié. Un maître, doit savoir ce qu'il veut, et doit diriger le travail par les détails d'exécution. Ceux qui ne savent commander et ne font aucun effort pour l'apprendre, sont des manœuvres destinés à obéir. Si vous ne vous réunissez souvent pour étudier la situation, et donner à vos mandataires, à vos ouvriers politiques, des ordres explicites, qui peut vous croire capables de vivre en liberté? Ne brisez pas votre licol, suivez le bouvier, et rentrez à l'étable.

Êtes-vous dignes du suffrage universel? Êtes-vous capables de vous en servir? Non !

Quand viendra-t-il donc le jour de la réflexion? Le jour où les ouvriers instruits, instruiront leurs compagnons moins avancés, comprenant que là seulement est le salut. Des éducateurs élevés parmi le peuple, peuvent seuls le mettre à même d'étudier et de réclamer ses droits. Des députés que les années ou les relations n'ont pas attiédis ou énervés, des députés n'entrant à la Chambre que munis d'un mandat précis n'ayant pas à discuter avec une Assemblée aristocratique superflue et hostile; peuvent seuls les faire triompher.

Voulez-vous dresser le gouvernement du suffrage universel devant celui des minorités astucieuses?

Formez dans chaque département avec divisions communales, des comités permanents, correspondant entre eux, choisissant les députés, établissant leurs mandats, proclamant vos décisions et en surveillant l'exécution. Les sociétés ouvrières peuvent en fournir les premiers éléments.

Voulez-vous que vos députés, continuellement circonvenus, ne soient pas continuellement tentés de fausser leur mandat ou de s'y dérober, sous prétexte de discipline? Voulez-vous ne garder que les honnêtes, écarter les fainéants, et chasser les fourbes. Soumettez-les annuellement à vos votes.

Voulez-vous ne dépendre que des lois et non de ceux qui les appliquent, les tournent ou les faussent? Soumettez à l'élection annuelle par le suffrage communal ou départemental, les principaux magistrats ou fonctionnaires, de la commune ou du département.

Voulez-vous être en mesure de vous opposer aux violences despotiques d'hommes de proie, ou de mandataires infidèles ? Organisez-vous en milice nationale, armée militairement, sous les ordres de chefs élus par vous en attendant que les fils que vous allez élever pour le respect et la défense des libertés aient transformé l'armée actuelle.

L'esprit humain étant essentiellement progressif, il n'y a rien à attendre des formules d'une Constitution.

Il faut des lois démocratiques, et pour les faire, des députés siégeant continuellement et non au gré d'un employé supérieur, roi temporaire, les congédiant pour diriger à son gré. Une Assemblée démocratique représentant le pays et chargée de pourvoir à ses besoins; doit étudier journellement les actes de gouvernement, intérieur ou extérieur. Voter rapidement les améliorations incessantes [dont la pratique des affaires signale la nécessité. Elle doit agir seule, et non avec la collaboration d'un président inutile, et de ministres qui ne doivent être que ses sous-ordres. L'atelier gouvernemental ne doit pas être fermé une partie de l'année, il doit être toujours à l'œuvre sous l'œil d'un seul directeur, d'un seul juge : le pays.

Les lois ne peuvent être respectées, si leurs détails ne répondent aux besoins, aux idées du moment. Il faut donc souvent changer et perfectionner. C'est seulement ainsi, qu'un pays peut éviter le mépris de lui-même, les émeutes et les révolutions sanglantes.

Les solennels législateurs, qui prétendent établir des bases strictes pour diriger leur siècle, sont des intrigants, ou ce qui est pire des imbéciles. Si les intrigants ont pour guide l'intérêt personnel, ils l'ont aussi pour frein ; les autres errent à l'aventure; ce sont des collectionneurs forcenés de coutumes et d'inepties de tous les âges, dans lesquelles ils s'efforcent d'ensevelir l'avenir. Les illustres compilateurs de codes anciens, rédacteurs de nos lois, en ont fait un dédale où la justice disparaît, où la raison s'étonne, vacille et s'éteint. Si ces maniaques méritent une place dans l'histoire, c'est le premier rang parmi les fléaux des peuples, dont ils retardent le progrès et troublent l'intelligence. .

Les résultats identiques proviennent de causes diverses, créées par les temps et les milieux, et justifient des sentences diverses, qu'un code ne peut formuler.

Ouvriers, pour ne pas rester voués à l'exploitation perpétuelle et aux massacres, vous devez étudier les principes de l'équité sociale, les élever continuellement à la hauteur du progrès en marche ; les formuler, procéder à leur application ; et remplacer par eux des lois souvent iniques et abrutissantes.

Etudiez l'histoire du passé, surtout l'histoire française, miroir de notre caractère et de nos mœurs ; afin d'y puiser des enseignements, vous y apprendrez, que l'immense force que vous représentez par le nombre, a toujours fini quels qu'aient été ses triomphes, par être dominée et sacrifiée par une infime minorité intelligente. L'intelligence procède de l'instruction développée par la réflexion ; donc, il faut étudier et réfléchir. La force seule ne peut rien améliorer. Procédez en vous appuyant sur le droit et la justice, et en pratiquant une tolérance raisonnée, car la pratique de la tolérance est plus qu'une vertu du cœur, c'est une part essentielle de la science du fort, sachant préparer mais attendre les résultats qui dépendent du temps, après avoir obtenu de suite ce qui peut l'être.

A l'œuvre donc, si vous êtes émus par les regards douloureux et suppliants de vos enfants, souffrant de la faim et du froid. Par les désespoirs muets de vos pauvres petits, que brutalisent dans les ateliers des êtres sans intelligence. Si vous êtes émus, par leurs grands yeux étonnés, se remplissant de larmes sous des souffrances imméritées. Si vous êtes attristés, en pensant qu'un jour devenus insensibles à leur tour, ils pourraient faire souffrir les autres.

A l'œuvre, si vous sentez l'angoisse vous saisir, en songeant que les appétits de quelques hommes, peuvent faire égorger vos fils ; les faire se tordre sur le sol, éperdus, mutilés vous criant un adieu suprême qui retentira dans vos nuits sans sommeil dans ces nuits, où les mères pleurent amèrement en évoquant le passé.

Si en face de ces douleurs vous ne chassiez l'inertie, vous ne cherchiez le remède, que seriez-vous donc? De quel droit vous plaindriez-vous ?

Qu'attendriez-vous de plus poignant, que la pensée des souffrances de vos enfants, se perpétuant, par l'oubli de vos devoirs envers eux? De plus amer, que les douleurs de leurs jeunes cœurs navrés, se fermant lentement aux espérances des premières années. Destinés à l'expansion, à l'affection profonde, à protéger et à bénir votre vieillesse, vont-ils eux aussi ulcérer leurs facultés dans la colère, dans la haine et le mépris d'une société égoïste?

Oh alors! ce serait avec justice, que cette haine, que ce mépris retomberaient sur vous, qui les verriez souffrir sans essayer de les soulager; sur vous, qui possédant le droit de vote n'avez à faire que quelques efforts intellectuels pour les sauvegarder et les rendre heureux.

Que votre énergie s'éveille! Debout et courage. Instruisez-vous, réunissez-vous pour sauver vos fils, et en faire des hommes qui coutinueront votre œuvre, des chefs de famille dont les femmes ne seront pas des souffre-douleurs.

Flétrissez les coutumes, qui font de vos filles des esclaves, les habitudes qui les font travailler pour un salaire dérisoire ; les laissant exposées à une lente agonie, ou à pis encore.

Supprimez les législations qui font d'un peuple un troupeau. Activez et surveillez l'élaboration de lois respectables que vous ferez appliquer.

Ce travail fécond anoblira votre âge mûr et ensoleillera joyeusement la paix de vos dernières années.

Bientôt vous saurez créer une sage réglementation, assurant : Aux enfants, l'instruction civique et professionnelle. Aux travailleurs, l'aisance dans l'activité. Aux vieillards, l'aisance dans le repos. Aux faibles, aux infirmes, le nécessaire et la protection cordiale. A tous, la paix dans l'exercice du droit.

Puis sachant que si rien n'est parfait, que si les caractères

les plus fermes ont des faiblesses, il y a dans la conscience
de tout homme instruit un germe de loyauté généreuse
qu'on peut faire éclore: dans son intelligence, une dignité
qu'on doit ménager, tout en surveillant vos mandataires,
vous saurez les respecter, et par là surtout encourager leurs
efforts.

EXCURSOR.

Septembre 1881.

F. Aureau. — Imprimerie de Lagny.